健身健美运动教程（第二版）

《健身健美运动教程》编写组　编

北京体育大学出版社

策划编辑　佟　晖
责任编辑　佟　晖
责任校对　郝　彤
版式设计　联众恒创

图书在版编目（CIP）数据

健身健美运动教程 /《健身健美运动教程》编写组编 . -- 2 版 . -- 北京 : 北京体育大学出版社 , 2024.1（2025.7 重印）
ISBN 978-7-5644-3975-0

Ⅰ . ①健… Ⅱ . ①健… Ⅲ . ①健身运动—教材②健美运动—教材 Ⅳ . ① G883

中国国家版本馆 CIP 数据核字 (2023) 第 253939 号

健身健美运动教程（第二版）

JIANSHEN JIANMEI YUNDONG JIAOCHENG (DI–ER BAN)

《健身健美运动教程》编写组　编

出版发行：北京体育大学出版社
地　　址：北京市海淀区农大南路 1 号院 2 号楼 2 层办公 B–212
邮　　编：100084
网　　址：http://cbs. bsu. edu. cn
发 行 部：010–62989320
邮 购 部：北京体育大学出版社读者服务部 010–62989432
印　　刷：北京瑞禾彩色印刷有限公司
开　　本：787mm × 1092mm　1/16
成品尺寸：185mm × 260mm
印　　张：14.25
字　　数：365 千字
版　　次：2015 年 11 月第 1 版　　2024 年 1 月第 2 版
印　　次：2025 年 7 月第 3 次印刷
定　　价：70.00 元

教材编写组

组　　长：郭　勇

成　　员：（以姓氏笔画为序）

杨晓光　鲍　克　熊海燕

前　　言

《健身健美运动教程》作为体育院校健身健美必修课程的教材，适用于社会体育、体育教育、体育表演、休闲体育专业健身健美必修课程及其他专业健身健美选修课程，也可以作为体育教师、健身教练、健身健美运动员及健身健美爱好者重要的参考书。

《健身健美运动教程》是由北京体育大学健身健美教师总结二十年教学训练经验和科学研究成果编写的一部规范教材。教材以健身健美、运动生理学、运动解剖学最新研究成果为依据，提出了健身健美训练最新的观点和理念，并以图文并茂的形式介绍了健身健美训练原理、方法、手段，以求简单、实用、易操作，让学生学以致用。教材涵盖了健身健美运动的重要内容，概括了健身健美运动的概念、作用以及发展历程；阐明了健身健美训练原理和机制，使学生知其然并知其所以然。健身健美训练动作是本教材的核心内容，教材通过大量的图片和分段式的动作描述力求使学生真正理解动作技术要领，做到动作过程清晰，技术操作规范；教材对每个训练方法都做出了详细的解释，从定义、案例、适用范围到练习难度的把控，强调了训练的科学性和安全性。健身健美训练计划制订是本教材的一个特色，训练原则和训练计划要素都有详细的解释，并对练习者不同训练阶段给出了明确的训练标准，力求因材施教，使个性化与普遍性相结合。本教材所讲解的基本理论和训练实践都是经过笔者二十年研究和教学实践验证才筛选出来的，是科学的、安全的、有效的，它将健身健美训练实践的成功案例与最新的健身健美理论紧密结合，同时还将那些已被训练实践验证的先进理论与训练方法紧密地联系在一起，而这种结合已经被研究和运用于健身健美训练实践，其成果包括全国冠军、亚洲冠军、世界冠军以及众多卓有成效的健身健美练习者。

本教材由北京体育大学郭勇负责总体框架设计与统稿定稿。杨晓光主要负责第三章的编写；鲍克主要负责第五章的编写；熊海燕主要负责第七章的编写；郭勇主要负责第一章、第二章、第四章、第六章的编写。

衷心感谢中国健美协会为本教材提供了大量珍贵的资料和素材，感谢国际健美联合会以及多位世界冠军、亚洲冠军、全国健身小姐冠军提供的珍贵图片，感谢北京体育大学出版社佟晖编审为本教材出版所做出的努力，感谢为本教材提供最新信息的专家、学者。虽然经过多次的修改，疏漏和不完善之处在所难免，敬请同行专家、广大师生以及读者不吝赐教，以便更好地完善教材的知识体系。

《健身健美运动教程》编写组

2023 年 9 月

目　录

第五章 健身健美训练方法

第六章 健身健美训练计划

第七章 健身健美竞赛组织及裁判法

参考文献

第一章　健身健美运动概述

本章提要

- 健身健美运动的概念
- 健身健美运动的分类及作用
- 健身健美运动在国际与国内的发展历程

第一节　健身健美运动的概念、分类及作用

一、健身健美运动的概念

健身运动是指通过不同形式的练习，运用专门的动作和方法给予身体实施有效刺激，用于改善和提高肌肉力量、柔韧性、心肺功能等身体素质和体成分，以增进身体机能和健康水平的一项体育活动项目。健美运动是指以运动解剖学、运动生理学、运动生物力学、运动医学、运动营养学、人体美学并结合现代综合艺术为理论基础，通过徒手和利用各种器械的抗阻力量练习，为发达肌肉、修塑体形、减缩脂肪、提高健康体能以及运动损伤康复而进行训练的一项体育运动项目。

二、健身健美运动的分类

健身健美运动按照不同目的可分为竞技健身健美和大众健身健美。竞技健身健美可以分为以发达肌肉为主，展现肌肉的匀称度、清晰度、分离度、凸凹度为主要评判依据的男女健美比赛；以展现运动体格、肌肉形态、身材比例、肌肉力度为主要评判依据的健身比赛。大众健身健美又分为以发达肌肉、减肥瘦身、修塑体形为主的健美训练；以提高健康体能为主的健美训练；以实施运动康复为主的健美训练（图 1–1）。

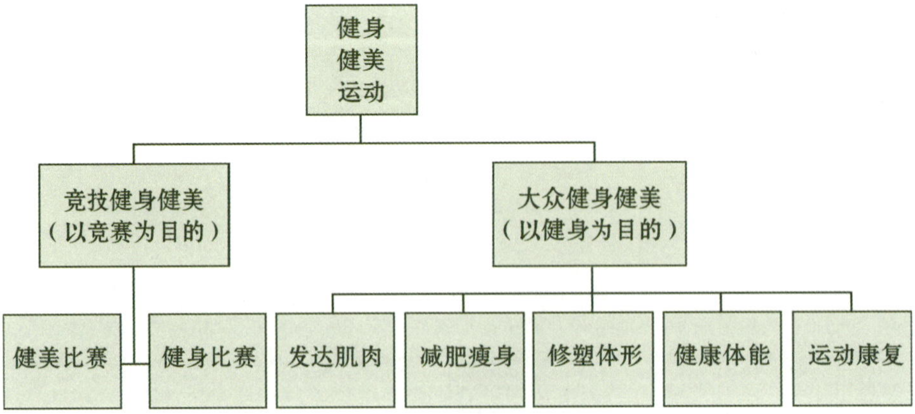

图 1–1　健身健美运动分类

三、健身健美训练的作用

（一）提高力量和发达肌肉

通过健身健美训练可以改善肌肉间的协调能力，提高神经、肌肉的同步化程度。骨骼肌受到压力后可以刺激到肌纤维中不同的收缩成分以及结缔组织，提高收缩蛋白质的含量，使肌肉中的毛细血管网增多，肌纤维增粗，肌肉的生理横断面增大，肌肉力量和收缩能力增强。

（二）改善形体和矫正不良体态

健身健美运动是雕塑体形的最佳运动方式，通过对身体进行针对性的健身健美训练，可以塑造凹凸有致的完美体形。无论是男性还是女性，都可以通过健身健美练习获得匀称的体形，增加肌肉弹性和线条美感。此外，通过健身健美训练不仅可以改善因长期伏案工作导致的含胸驼背和肌肉不平衡问题，还能改善溜肩、两肩高低不均、臀下垂、“O”型腿、“X”型腿、肩窄腰粗等不良体形体态。

（三）减肥瘦身和改善身体成分

通过健身健美训练，可以增加肌肉组织、改善身体成分。合理的身体成分能使人保持良好的体形和健康水平。肌肉对于新陈代谢至关重要，因为它是人体最为活跃的组织。与其他组织相比，肌肉昼夜不停地消耗热量，正因为如此，我们可以把肌肉看作“耗能大户”，增加肌肉组织，提高能量消耗，有利于减肥瘦身。

保持并增加肌肉组织之所以重要，还另有原因。人到了 20 岁以后，身体每 10 年要减少 3 千克左右肌肉。对女性来说，在更年期和绝经之后每年要减少大约 0.5 千克肌肉，这对健康极为不利。肌肉是人体中的“发动机”，肌肉不断丧失就如同一辆八缸的汽车动力降到六缸、四缸甚至摩托踏板车的水平。肌肉的渐渐丧失，会给人体健康带来两个严重问题。第一个问题是身体器官功能减退，这会导致身体缺乏活力，肌肉进一步丧失。第二个问题是身体热量消耗减少，这会导致新陈代谢变慢。新陈代谢的变慢意味着，虽然与以往吃同样多的食物，但渐渐带来的是身体脂肪的堆积和健康水平的进一步下降。

（四）提高人体运动能力

通过对肌肉的抗阻训练，增强了中枢神经系统对肌肉的控制能力，使力量、速度、耐力、柔韧性和协调性等身体素质得到提高。健身健美训练还可以提高力量的传递、组合和控制的功能。通过对核心部位（腰椎、骨盆和髋关节）肌群稳定性力量的训练，建立上下肢力量的传递通道。通过改善大肌群和小肌群、表层肌和深层肌、主动肌和拮抗肌之间的协作能力，提高肌肉之间协同用力能力。通过增强神经对肌肉的支配能力，提高肌肉运动的控制能力，防止运动损伤。另外，健身健美训练在训练初期非常强调多块肌肉的协调用力和整体作用，强调多个关节部位稳定性的加强和稳定程度的调整。高级健身健美训练者非常重视小肌群、深层肌肉以及“盲点”肌肉的训练，很重视肌肉的形态和柔韧性训练，这些能力对其他运动技术均产生重要的支撑作用。

（五）促进肌肉康复和延缓肌肉衰退

在运动损伤康复过程中最有挑战的问题之一是如何设计有针对性的肌肉康复方案，以帮助康复者最终恢复活动能力。健身健美训练在促进肌肉康复方面具有独特的优势，它对肌肉的训练更加深入，更具针对性，更有实效性。实践证明，健身健美训练是促进肌肉康复最有效的手段之一。

通过科学的健身健美训练可以显著提高人体肌肉力量，延缓肌肉的流失；减缓关节疼痛，改善关节周围组织功能；提高对人体对疾病的抵抗力；有助于提高机体生长激素水平。这些益处导致的直接结果就是延缓人体衰老进程，使人尽管年龄变老，仍然能保持强健和活力。

第二节　健身健美运动发展历程

一、国际健身健美运动发展概况

早在公元前六世纪，古希腊就已盛行赤身运动，当时的健身场是贵族青年必进的学校，每个青年要在这所学校里参加系统的身体训练，如跳跃、拳击、掷铁饼都是训练中的必修课，没有在训练场接受过训练的人，被人们看成是没有教养的人。而且，在当时的奥林匹克运动场上，他们不仅要在强手如林的赛场上以高超的运动技巧压过对手，还要在众多的观众面前以令人钦慕的健美体格赢得赞誉。竞争者们为了表现身体线条的优美和富有弹性的肌肉，将全身涂上当地盛产的橄榄油，裸体进行角逐。涂油的人体在光线的照射下，肌肉线条更加明显。这种普遍进行的赤身运动，实质上反映了古希腊人推崇以自然的形式展现健美。至今，健美比赛仍然保持着涂油和在强光下进行比赛的传统。

在古希腊奥林匹克运动会上，曾经有过这样一条规定，艺术家要为连续获胜的体育健儿塑像，作为宙斯的骄子，永远屹立在宙斯神像的身旁。因此，忠于生活的古希腊艺术大师们留下的那些艺术珍品，是那个时代人们崇尚健美体格的真实写照。珍藏在古罗马博物馆里的大量人体雕塑生动地告诉人们，对健美体格的向往和追求有着悠久的历史。古希腊雕塑家米隆的杰作“掷铁饼者”刻画了运动员健美的体格，生动表达了人体运动之美（图1–2）。在米洛斯岛上发掘出的“断臂维纳斯”大理石塑像，其体态丰满和神情端详的女性美，超越了时间和空间，成为世界艺术宝库中具有永恒魅力的艺术珍品（图 1–3）。这些光彩夺目的艺术形象告诉人们："生命在于运动"和"世界上没有任何一种衣裳能比健康的皮肤和发达肌肉更美丽"的哲理。

图 1–2　掷铁饼者

图 1–3　断臂维纳斯

19 世纪以前，英国、德国等国家就有人用杠铃、壶铃等器械及其他重物来锻炼身体，这种锻炼形式，既是现代竞技举重的起源，也是现代健美运动和力量举重的起源。当时，人们锻炼主要追求的是力量的增长，而在体形方面并无特殊的要求，大力士们的体形大都是肩膀宽厚，腰围粗大，给人以健壮有力的印象，他们常在舞台上或其他场馆用各种各样的方式表演和进行体力对抗。大约到了 19 世纪初期，大力士们的体形逐步有了改变，他们在各种场合除了进行各种力量表演外，还经常运用肌肉控制、造型等形式来展示自己发达丰满、线条明显的肌肉以及匀称健美的体形。为了收到良好的表演效果，大力士们潜心研究训练方法，不断尝试各种训练手段，积累了一定的训练经验，在增长力量、发达肌肉、改善体形体态等方面都达到了一定的水平。到了 19 世纪后期，随着举重比赛的出现，有些力量练习者开始到竞技场上去参加角力；另有一些力量练习者则在发达肌肉、锻炼健美的体形进行健美的表演上下苦功夫。于是，单一的力量运动开始一分为二，逐步形成为以竞技举重为主的举重比赛和以发达肌肉、塑造体形为主的健美运动。

现代健美运动萌发于德国尤金·山道（Eugen Sandow）的自身锻炼。尤金·山道（1867—1925）的原名叫法德勒·穆勒，尤金·山道是他的艺名。山道生于德国普鲁士的康斯尼堡，少年时体弱多病。一次，山道与父亲去罗马旅游，在参观佛罗林美术展览时，他被古代角斗士的健美雕像所感染。从此以后，为了塑造健美的体形，他坚持每天锻炼，并拜闻名全欧洲的大力士路易士·布马捷为师，在老师的悉心指导下，山道异常刻苦，进步很大。大学期间，他学习了人体解剖学等医学书籍，掌握了科学锻炼的理论知识，他不断地在实践中摸索，总结出一套发达肌肉、提高力量的训练方法。功夫不负有心人，经过短短的几年，无论在体形和肌肉发达方面，还是力的技巧表演上他都取得了惊人的进步。随后，他到英

图 1–4　尤金·山道

国、澳大利亚、新西兰和南美洲各地表演各种肌肉造型，展示健美训练的方法和效果。从此，山道名扬全欧洲，成为人们心目中的传奇英雄（图 1–4）。

1898 年 7 月，山道创办《山道杂志》，并开始筹备健美比赛。1901 年 9 月 14 日，在英国伦敦能容纳 15000 名观众的皇家阿尔勃特剧院举行了世界健美比赛，参加比赛的有来自世界各国的 60 名大力士，经过预先淘汰，最后有 12 名运动员进入了决赛。这次比赛，山道制定了根据体形比例、肌肉发达程度、身体发展匀称性、健康状况和皮肤色泽五个方面来进行评判的标准。这次世界健美比赛的举行，在健美指导思想、方法、评判标准以及比赛组织等方面为现代健美运动的发展积累了宝贵的经验，促进了现代健美运动在各国的发展。

山道在年高退出健美表演舞台后，创办了健身函授班和世界上第一所健美锻炼体育学校，大量吸收青年参加健美活动，并指导人们进行健美锻炼。1898 年他还创立了《体育文化》期刊，同时在伦敦的圣詹姆士街设立了体育学校总部，在新西兰、澳大利亚、印度、南非及美洲等地建立了分校，教授健美、举重、角力等体育项目的课程。此外，山道还到世界各地推广宣传健美运动。山道之所以能受到当时人们的尊敬，不仅因为他有雕塑般的健美体形、刚中带柔的线条和高超控制肌肉的表演技巧，以及在举重和角力方面的高深造诣，还因为他具有一般大力士所不能比拟的文化素质和道德修养。山道为人谦和，温文尔雅，他身上丝毫没有当时大力士所惯有的种种不良陋习。他上过大学，专门研究过人体解剖学，并著有《力量以及如何去得到》《哑铃锻炼法》《体力养成法》《实验祛病法》等著作，对健美运动的发展起到了很大的推动作用。由于山道为健美运动做出了卓越的贡献，他被后人尊为体育家、表演家、艺术家以及健美运动的鼻祖。

20 世纪 30 年代中期，加拿大健美运动的创始人乔·韦德（Joe Weider）和本·韦德（Ben Weider）兄弟创办了《您的体格》杂志，积极推广和宣传健美运动。20 世纪 40 年代，他俩创办了月刊《肌肉与健身》《形体》《柔韧》《男子健美》等杂志，为推广健美运动先后周游了 97 个国家，做了卓有成效的工作。为把健美运动推向世界，1946 年，韦德兄弟创建国际健美联合会（The International Federation Bodybuilding，IFBB），由弟弟本·韦德担任终身主席，乔·韦德任资深执委。该协会是一个单项协会性质的国际体育组织，总部设在加拿大的蒙特利尔，其宗旨是发展体育与健美运动，并规定每年要在不同国家举行一次世界健美锦标赛，口号是“健美运动有利于国家建设”。该协会还经常组织有关健身健美研讨和交流活动。1969 年国际健美联合会从国际举重联合会分离出来，开始了独立的运行，并逐渐地发展壮大。现在国际健美联合会已拥有 170 多个会员国，健美运动已成为全世界发展最快、普及最广的体育运动项目之一，越来越多的洲际运动会将健美列入比赛项目。

20 世纪 50 年代末，健美运动在亚洲迅速发展。1959 年，锡兰（即斯里兰卡）业余健美联合会发起并举办了亚洲先生健美锦标赛，揭开了亚洲健美比赛的序幕。1961 年后，以锡兰、巴基斯坦、印度、缅甸、泰国、马来西亚等六国为基本成员的亚洲健美联合会成立，并组织了第一届亚洲健美锦标赛。至此，亚洲健美运动上升至组织化和制度化的发展层面。1970 年，亚洲健美联合会被国际健美联合会接纳为会员，确立了亚洲健美运动在世界健美运动中的地位。20 世纪 60 年代，职业健美运动开始崛起，并与业余健美运动一起发展，1965 年国际健美联合会创办了每年度世界最高水平职业运动员参加的奥林匹亚先生健美大赛。随着健美运动的发展，奥林匹亚先生健美大赛已经成为一项经典的赛事。20 世纪 70 年代，健美比赛盛行，比赛规则有了很大的变化。1976 年，斯塔特（State）制定了比较全面的国际健美协会竞赛规则：按体重进行分组，男子根据全身肌肉发达程度、体格比例的平衡性、全身肌肉发展的匀称性、肌肉线条的明显性以及造型能力等五个方面；女子根据整个身段是否具有女性美、全身肌肉发展的匀称性、肌肉和脂肪的含量比例是否适当、肌肉的发达程度、肌肉和体形线条美以及造型技能等五个方面，按相对比较排序的评分方式进行评判，得分少者名次列前。这种评分方法的出现是现代健美比赛规则诞生的标志。

自国际健美联合会成立后，世界健美运动飞速发展，健美运动的组织机构和竞赛规则也越来越完善。1998 年 1 月 30 日，在日本长野召开的国际奥委会执委会会议上正式承认国际健美联合会，接纳健美运动为奥林匹克运动大家庭的一员。

二、健身健美运动在中国的发展

（一）中华人民共和国成立之前

20 世纪 20 年代末，现代健美运动由欧美传入我国，最初仅在上海、广州等沿海城市兴起，开始用杠铃和哑铃进行发达肌肉和改善体形的健美练习。1924 年，在上海沪江大学上学的赵竹光（1907–1991）积极寻求健身之道，以便能胜任繁重的学业。他参加了美国人查理斯・爱吉斯举办的健身函授科班，开始进行自抗力的锻炼，并成立了锻炼小组，将国外健美函授学校教材集中整理，拟订科学锻炼计划进行练习和训练，因效果显著，吸引了大量爱好者参加练习。20 世纪 30 年代，健美运动的理论与实践得到迅速发展。1932 年，上海健美社开始发行半月刊《健美画册》。1934 年和 1937 年，美国人著述的《肌肉发达法》和《力之秘诀》两本健身著作，由赵竹光翻译在中国出版；1938 年 12 月《健与力》杂志创刊并开始发行，它们为中国健美运动的开展奠定了理论基础。

1940 年，赵竹光与其学生曾维祺创办了中国第一所健美学校——上海健美学院，开始培养中国健美运动师资。1942 年，曾维祺在上海开办了健美训练班，致力于健美运动的推广，培养了我国历史上第一个健美冠军柳颙庵。此后，各种健身院和健身活动竞相在各大城市出现。在上海，娄琢玉和胡维予在业余时间担任上海精武体育会的健美教练；在广州，谭文彪创办了谭氏健身院，刘英和卢伟等为健美运动的开展做了大量工作；在南京，戴毅创办首都健身院；在北京和苏州分别有林仲英和李钧祥开展健美活动。1944 年 6 月 7 日，在上海举办了上海健美男子比赛，按当时在美国盛行的美国先生比赛办法，从四个方面进行评分，最后柳顒庵获全场冠军，黄辉获全场亚军，这是我国第一次健美比赛，标志着中国健美运动竞赛的开始。

（二）中华人民共和国成立初期

中华人民共和国成立后，健美运动深受广大青年欢迎，各地健美运动蓬勃发展，仅广州、上海等地就有 30 多家健身院和健身馆。20 世纪 50 年代中期以后，封建主义“露体不雅”的思潮悄然泛滥，错误地把健美运动作为西方资产阶级体育进行批判，健美运动遭遇了前所未有的发展危机。1958 年，加拿大本·韦德访问中国，期望启动健美运动在中国的发展，但未获得成功。

（三）改革开放初期（1980 年—1989 年）

20 世纪 80 年初期，改革开放重新开启了健美运动的新征程，健美运动被认为是一项可以陶冶情操、改造社会风气、增强体质和塑造人体健美的体育运动，全国各地群众性的健美运动迅速发展。1980 年，《健与美》杂志问世，宣传推广健美运动知识，人们对健美运动逐渐有了新的认识。健美运动在上海、广州以及北京等大城市兴起，健美运动迎来新的发展时期。1983 年在上海举行了首届全国健美邀请赛，这对刚刚复苏的中国健美运动的发展起到了促进的作用。后在陈镜开、薛德明和娄琢玉等人的倡议下，决定每年举行一届，成为中国健美运动由复苏走向初步发展的标志。

1984 年 10 月，应国际健美联合会邀请，国家体育运动委员会派出许放和娄琢玉二人，组成中国体育代表团，以观察员身份出席在美国举行的第 38 届国际健美联合会年会。会上国际健美联合会主席本·韦德重点介绍了中国健美运动迅速恢复和发展的情况，娄琢玉应邀作了题为《健美运动在中国》的发言。这是中国首次参加国际健美联合会的活动，为中国取得国际健美联合会会员资格奠定了基础。1985 年 11 月，国际健美联合会在瑞典哥德堡举行第 39 届年会，一致通过了接纳中国为第 128 位会员国，确立了中国健美运动的国际地位。1986 年 10 月，中国举重协会健美委员会成立，成为推广和管理健美运动的专门机构，就在这一年，制定并出版了我国第一部健美竞赛规则和裁判法。1986 年第四届“力士杯”全国健美邀请赛在深圳举行，女子健美首次列入正式的比赛项目，并按照国际健美竞赛规则要求，统一着三点式比基尼泳装进行比赛，引起了国内外媒体的关注。1987 年在安徽屯溪市举行了全国第 5 届“力士杯”健美锦标赛，从本届开始国家体育运动委员会将一年一度的全国健美邀请赛正式改为全国健美锦标赛。1988 年 9 月，国家教育委员会决定将健美运动列入全国高等院校学生必修的体育科目，标志着健美运动成为大学生体育健身活动的重要手段之一。1988 年 10 月，由中国健美协会秘书长古桥任领队，健美运动员何玉珊和孙伟毅为代表的中国健美队，参加了在澳大利亚举行的第 42 届世界业余男子健美锦标赛，这是中国首次派选手参加世界性健美比赛。1989 年 9 月 20 日，中国健美协会正式加入亚洲健美联合会。

（四）健美运动进入规范化发展阶段（1990 年—1999 年）

1990 年，国家体育运动委员会举重处处长薛德明被选任为亚洲健美联合会副主席。同年 10 月，第 26 届亚洲健美锦标赛和第 5 届亚洲青年健美锦标赛在马来西亚巴州举行，我国首次派队参赛。1992 年初，国家体育运动委员会首次公布了《健美运动员技术等级标准》（试行）。1992 年 9 月 8 日中国健美协会成立，成为中华全国体育总会和国际健美联合会的团体会员，是唯一代表中国参加国际健身健美运动的合法组织。1993 年 5 月，中国健美协会第一届代表大会在安徽铜陵举行，大会选举产生了第一届协会领导机构，李斗魁当选为主席，曾维祺被聘为顾问。1994 年 11 月，在上海举行了第 48 届世界业余健美锦标赛，这是我国第一次举办的国际性健美赛事，推动了我国健美运动向国际化迈进。1998 年，中国健美协会印发了《关于健身指导员技术等级（暂行）制度的通知》和《健身指导员技术等级（暂行）制度》两个重要文件，在全国范围内开展健身指导员培训工作。1999 年，经国家体育总局和民政部核准并颁布《中国健美协会章程》，确定：中国健美协会，简称“中国健协”，英文名称为“Chinese Bobybuilding Association”，缩写为“CBBA”，中国健美协会接受国家体育总局和民政部的业务指导和监督管理，中国健美协会办公地点设于北京。

（五）健美运动全面发展阶段（2000 年—2009 年）

为了健美运动能够健康发展，2000 年 5 月在浙江省宁波市举办的首次全国体育大会健美比赛期间，采取了一系列禁止服用使用兴奋剂的举措，收到良好的效果。为了提高教练员和裁判员的专业水平，中国健美协会 7 月在北京举办“首期国家级健身指导员、全国健美裁判员培训班”。10 月，在安徽亳州市举办了首届全国健身健美科研论文报告会，旨在搭建健美运动科学和实践之间的桥梁。

2001 年 9 月，中国健美协会选派国内优秀运动员参加在韩国釜山市举行的第 37 届亚洲健身健美锦标赛，取得 5 金 1 银的佳绩。同时，中国健美协会对健身健美专业人才的培养做了大量的工作。2002 年中国健美协会在北京成功举办了全国等级健身指导员班、健美裁判员培训班以及全国专业健美教练员（韦德训练法）培训班，为健身健美行业培养了大批的专业人才。高校健身健美运动也迎来了良好的发展机遇，北京体育大学率先设立健身健美专项课程，成为全国第一所培养健身健美专业人才的高等学校。

2004 年 11 月，中国健美协会第三届会员代表大会在山东青岛市召开，大会选举产生新一届委员会委员，通过了《中国健美协会第二届委员会工作报告》和《关于修改中国健美协会章程的报告》，大会选举通过刘光春为中国健美协会主席，王瑞霞为秘书长。2005 年 11 月，第 59 届世界健美锦标赛在上海举行，这是我国第二次举办世界健美锦标赛。中国队派出 8 名运动员参加了本次大赛，经过激烈的争夺，我国运动员钱吉成在 60 公斤级比赛中获得第一名，实现了我国健美运动历史性突破。2006 年 12 月，第 15 届亚运会健美比赛在卡塔尔首都多哈举办，中国队派出 4 名运动员参加比赛，在 60 公斤级比赛中，钱吉成以绝对优势摘得金牌，实现了我国健美项目在亚运会上金牌“零”的突破。

2007 年 8 月，亚洲健美健身锦标赛在上海举办，我国派出了 27 名运动员参加比赛，最终以总成绩 129 分夺得团体总分第一名。面对新形势下反兴奋剂的迫切性，2008 年中国健美协会在江苏省连云港市举办了全国健身健美项目反兴奋剂教育培训班，来自各省市健身健美协会及有关单位的精英建言献策，为反兴奋剂的教育实践工作提供大量宝贵的经验。2008 年 4 月至 11 月，为了积极备战 2009 年在我国台湾举行的世界运动会健美比赛，中国健美协会组织众多优秀健身健美运动员、教练员进行了多次短期集训，为推动健美运动向高水平、科学化方向发展做了大量有成效的工作。2009 年 12 月，中国健美协会第四届全国会员代表大会在海口市召开，大会选举产生了中国健美协会新一届领导机构，刘光春同志继任中国健美协会主席，王瑞霞同志继任中国健美协会秘书长。

（六）健身健美运动发展新阶段（2010 年—2015 年）

经过多年的努力，我国在健身健美竞赛方面取得一系列优异成绩。2010 年在伊朗德黑兰举办的第 44 届亚洲健身健美锦标赛暨首届亚洲男子形体比赛上，中国队获得一金一铜。2011 年在泰国曼谷举行第 45 届亚洲健身健美锦标赛上，中国队获得三金两银的好成绩。2012 年在我国广州举办的第 46 届亚洲健身健美锦标赛上，中国队获得 8 金 4 银 3 铜，创造了亚洲健美锦标赛历史最好成绩。2013 年在越南胡志明市举办的第 47 届亚洲健身健美锦标赛上，中国队获得 4 金、2 银、2 铜的好成绩。同年 11 月在匈牙利首都布达佩斯举办的世界健身健美锦标赛上，我国优秀健美选手辛健获得男子 75 公斤级世界冠军。

在赛事改革方面，通过商业化的运作模式，以健身比赛为主的中国健身公开赛采取分赛区和总决赛的方式进行，这是国内竞技水平最高、参赛人数最多、影响力最大的健身赛事，有力地促进了健身运动在我国的快速发展。

2014 年在江苏省连云港市召开了中国健美协会第五届全国会员代表大会，会议听取了中国健美协会第四届全国委员会主席刘光春所作的工作报告。会议选举产生了中国健美协会第五届全国委员会领导班子，国家体育总局宣传司司长张海峰担任主席，国家体育总局社会体育指导中心业务五部主任古桥担任秘书长。同年 5 月举办的全国健美锦标赛，根据最新国际健美竞赛规则，项目设置做出了一些调整，按照传统健美和古典健美进行比赛，其中古典健美在我国还是一个全新尝试。为适应现代健美运动的发展需要，在比赛期间，还进行国际级健美裁判员复核和亚洲级健美裁判员晋升国际级的培训及考试。培训复核、考试工作由国际健美联合会裁判委员会主席帕维尔主持，中国健美协会秘书处协助。参加本次国际级健美裁判员复试和亚洲级健美裁判员晋级考试的国际级裁判员 9 人，亚洲 A 级裁判员 9 人，亚洲 B 级裁判员 23 人。2014 年 10 月，国务院印发的《关于加快发展体育产业促进体育消费的若干意见》提出，营造重视体育、支持体育、参与体育的社会氛围，将全民健身上升为国家战略，这一重大改革有力地推进了健身产业的快速发展，健身健美运动迎来了更大的发展机遇。

思考题

1. 健身健美运动的概念及分类？
2. 健身健美运动在改善和提高人体健康机能方面有哪些重要作用？
3. 健身健美运动在中国的发展经历了哪几个重要阶段？

第二章　健身健美训练的运动科学基础

本章提要

- 骨骼肌的结构、肌纤维的类型以及运动单位募集
- 肌肉肥大的生理学机制
- 健身健美训练与三个能量系统之间的关系
- 杠杆原理
- 力矩的定义及其在健身健美训练中的应用
- 蛋白质、碳水化合物以及脂肪的基本知识
- 水的重要性以及在健身健美训练中正确补充水分的方法

第一节　健身健美训练的生理学基础

人体肌肉根据结构和功能可分为骨骼肌、心肌和平滑肌三类。骨骼肌受意识支配，为随意肌，是人体内最多的肌肉组织，正常成年人全身骨骼肌占体重的30% ~ 40%，是人体产生活动的动力来源。在健身健美训练中所锻炼的肌肉系统主要是骨骼肌系统。心肌仅在心脏可见，是构成心脏壁的主要成分，为非随意肌，不受意识支配。平滑肌主要分布于血管壁上，也属于非随意肌，不受意识支配。

一、骨骼肌结构

（一）骨骼肌的解剖结构

正常成年人全身骨骼肌有600多块。完整的骨骼肌由肌束组成，肌束又由肌纤维组成，肌肉的致密组织是由大量肌纤维和一些结缔组织膜共同组成的。围绕整块肌肉的结缔组织叫肌外膜，切开此膜，会看见整块肌肉是由一条一条的肌束所组成，包裹肌束的结缔组织膜称为肌束膜。肌束膜很坚韧，且相对较厚。去除肌束膜并以显微镜观察，便可看见一条一条的肌纤维，这就是肌细胞。包裹肌细胞（肌纤维）的结缔组织，称为肌内膜。每条肌纤维由许多平行的肌原纤维组成，肌原纤维由蛋白丝规则排列成的肌小节组成，每个肌小节包括大部分肌动蛋白组成的细肌丝和肌球蛋白组成的粗肌丝。肌小节是肌原纤维的基本功能单位，也是肌肉的基本收缩单位。由于一条肌纤维就是一个多细胞核的肌细胞，因此骨骼肌细胞一般称为肌纤维（图2–1）。肌纤维是构成骨骼肌的最主要的结构成分，呈圆柱状，在光学显微镜下可以看到，它由肌细胞膜、细胞核和细胞质组成。

（二）骨骼肌的超微结构

1. 肌内膜和肌细胞膜

肌内膜是由致密胶原纤维网组成的，包裹着每一根肌纤维。直径在60 ~ 120微米之间，其中一些与肌束膜纤细的纤维网相连接。肌内膜可能也与基底膜相连接，基底膜位于肌内膜和肌细胞膜之间。肌细胞膜实际上是肌细胞的边界，包裹肌肉细胞的外鞘，由双层脂质分子和嵌入的蛋白构成。肌肉细胞内的细胞质称为肌质，主要成分为肌原纤维。肌细胞膜的完整对细胞的功能十分重要。

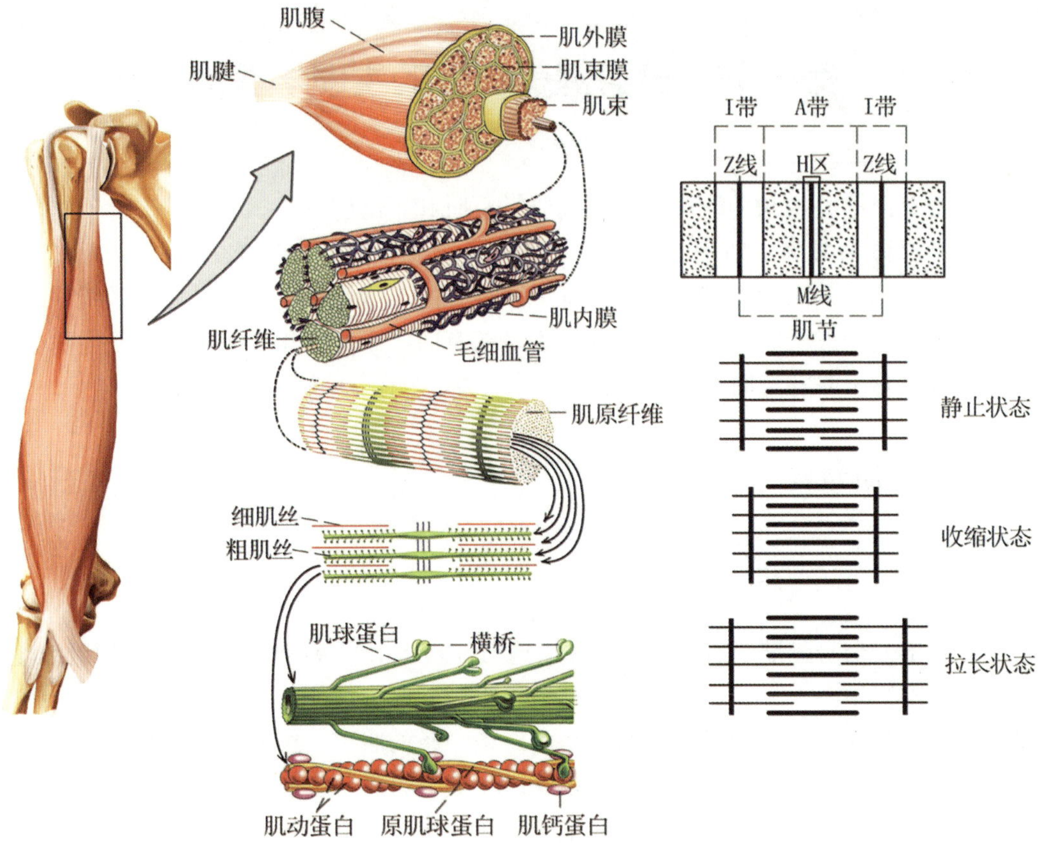

图 2–1 骨骼肌的结构

2. 肌原纤维

在电子显微镜下观察可以发现，横纹肌纤维的每条肌原纤维由两套更微细的蛋白肌丝组成。肌动蛋白形成细肌丝，肌球蛋白形成粗肌丝。肌动蛋白和肌球蛋白彼此穿插，平行有序排列，这种结构是肌纤维的收缩和舒张单元。

3. 肌质网及横管系统

肌原纤维周围的膜管系统，由肌质网及横管系统两部分组成，形成复杂的网络。肌纤维的纵向连络系统，称为肌质网。这些膜构成的管状结构平行于肌原纤维且形成互相连络的通道。肌质网是钙离子储存库，钙离子在肌肉收缩时具有重要作用。

肌质中存在横向连络各条肌纤维的网状系统，称为横小管，主要负责肌原纤维彼此间的连络，也确保神经冲动自细胞膜传入时，能迅速传到每一条肌原纤维。

4. 线粒体

线粒体为棒状或粒状，由内外两层膜组成。线粒体形态不同，一般为卵圆形，但受代谢状态和邻近结构如肌原纤维的影响。Ⅰ型肌纤维线粒体数量多，由磷酸原系统供能。Ⅱ型肌纤维线粒体数量少，由糖酵解系统供能，它是有氧代谢的能量产出地。

5. 高尔基体

肌纤维内的高尔基体分布在肌核附近的细胞质内，其功能与蛋白质、细胞分泌物的聚积和加工有关。

6. 肌细胞核

肌细胞核呈卵圆形，排列在肌纤维周缘，肌纤维质膜膜下，为平行排列。在运动终板区，肌细胞核尤多。

7. 肌质内的其他成分

（1）糖原颗粒

糖原颗粒主要分布于肌原纤维间和肌膜下，是肌纤维中的主要能源物质，其数量多少与代谢需要有关。

（2）脂滴

脂滴较大，成均匀、圆形透明结构，含脂肪酸或甘油三酯。肌细胞内脂滴的含量、位置与肌纤维代谢需要有关。脂滴通常存在于线粒体周围，Ⅰ型肌纤维含量尤为丰富。

（3）脂褐素

脂褐素是一种具有一定密度的颗粒，肌细胞内含量较多，在衰老及部分变性过程中，脂褐素颗粒有所增加。

（4）核糖体颗粒

核糖体颗粒呈小球形，在成熟的骨骼肌纤维中很少见，通常处于游离状态。

8. 小动脉及毛细血管

肌纤维由小动脉供血，其内含丰富的营养物质和氧气，并连接丰富的毛细血管。毛细血管数量与肌肉类型及训练程度有关，Ⅰ型肌纤维占比大及经常运动者，毛细血管数量较多。

二、肌纤维类型

身体中并不是所有肌纤维都是一样的类型，一条骨骼肌可能含有不同收缩速度与强度类型的肌纤维，如Ⅰ型肌纤维又称慢缩肌纤维，颜色呈红色，又称红肌纤维（图 2–2）；Ⅱ型肌纤维又称快缩肌纤维，颜色呈白色，又称白肌纤维（图 2–3）。

不论在同一块肌肉的不同区域，在同一人体的不同肌肉，还是在不同的人体内的同一块肌肉，慢缩肌纤维和快缩肌纤维的分布都有不同，有的部位慢缩肌纤维所占比例相对较高，有的部位快缩肌纤维所占比例较高，不能一概而论。更为重要的是要了解不同肌纤维的不同生理生化特性，不同肌纤维对不同的训练负荷产生的生理学适应。所以，了解肌纤维类型以及特性对于健身健美训练具有重要的实践价值。

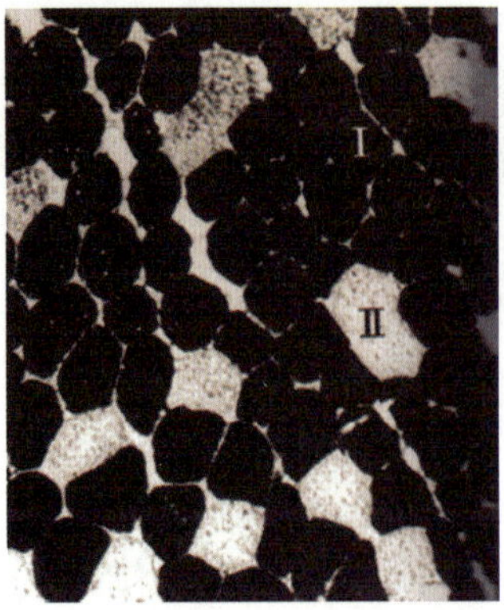

图 2–2　慢缩肌纤维（红肌纤维）占优势

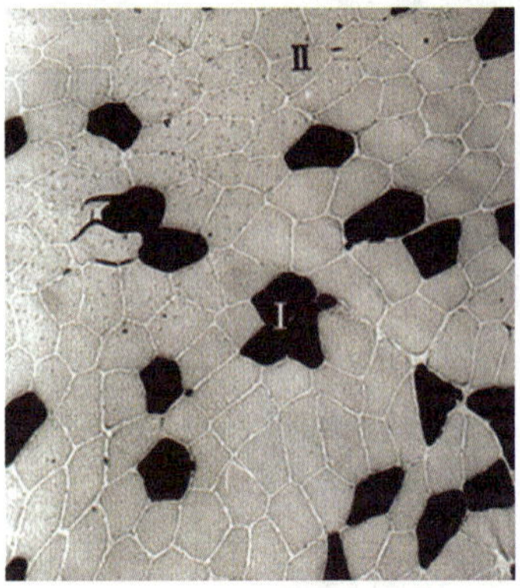

图 2–3　快缩肌纤维（白肌纤维）占优势

三、运动单位募集

一个 α 运动神经元和其所支配的所有肌纤维组成一个运动单位，每一条肌纤维只接受一个 α 运动神经元的支配，而每一个 α 运动神经元会支配上千条肌纤维，其支配肌纤维的数量依肌肉的功能而定。必须做出精细动作的肌肉，如控制眼球转动的肌肉，一个 α 运动神经元只支配少量肌纤维（图 2–4）。而一般运动所需的肌肉，每一个 α 运动神经元则会控制许多条肌纤维（图 2–5）。当某一运动单位的运动经神元受到刺激时，这个运动单位中所有的肌纤维几乎同时地收缩，这就是全或无现象。

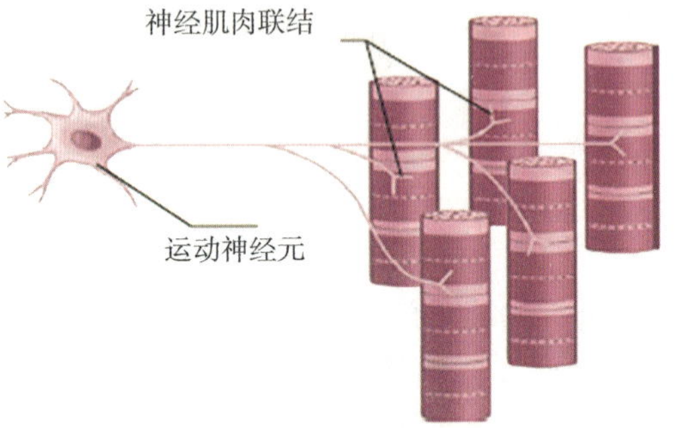

图 2–4　单一运动单位

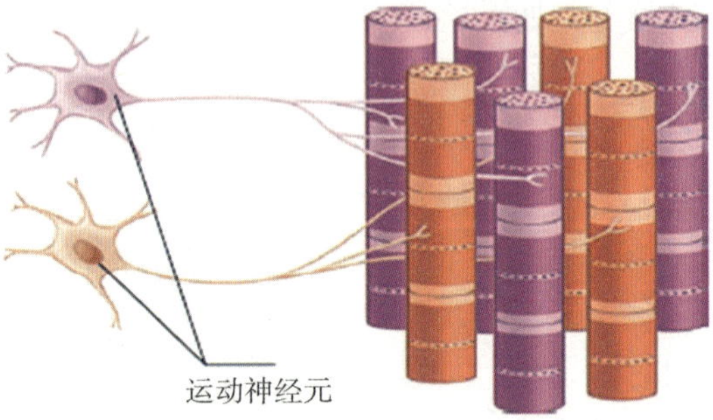

图 2–5　两个运动单位

每块骨骼肌包含许多运动单位用于收缩力量的调节。比如，当拿起一支铅笔时，因为只需要一个很小的收缩，所以只有一个运动单位被刺激。当举起一个 30 千克的哑铃时，就需要调动数百个运动单位。这种通过增加或减少刺激运动单位的数量从而调节肌肉所付出的肌力被称为“大小原则”或运动单位募集反应。不同的募集次序是对健身健美训练中专门化的一种响应，这与所谓的运动神经元调用的“大小原则”有关。以肱二头肌为例，假设共有 200 个运动单位，从 1 ~ 200 号进行排列，如果需要执行一个极度精细而较小力量的动作时，1 号运动单位被募集。当需要的力量增加时，第 2、3、4 号运动单位会逐步被募集。达到最大收缩状态时，几乎所有的运动单位都会被募集。运动单位募集理论有三个主要的前提条件：

◎ 运动单位募集次序是由“大小原则”决定的。

◎ 只有被募集的运动单位受到训练。

◎ 被募集的运动单位已经疲劳，或者受到训练但它们没有达到疲劳。

在一个标准的练习组中，Ⅰ型肌纤维会首先被募集，随着力量的增加，Ⅱ型肌纤维才逐渐被募集，这就是健身健美练习者必须要竭尽全力做完最后几次动作的主要原因。如果一个健身健美练习者可以举起一个杠铃 12 次，但是仅仅举起 10 次，那么，这个练习组是无效的，或者在这个练习组中肌肉受到训练但没有达到疲劳。所以，最快的肌肉增长取决于所有肌纤维类型的最大化发展，这就是对于大多数人来说单次极限试举无法产生太大的围度增长的原因，它只能训练一种或两种肌纤维类型。为了最大限度地增长肌肉，必须训练和发展全部的肌纤维类型，尽可能募集更多的运动单位。但是，必须说明的是，同一运动单位的肌纤维类型都是一致的。所以，在一个运动单位中不可能同时发现Ⅰ型肌纤维和Ⅱ型肌纤维，也就是说，如果产生一个特定的力，每次都会募集同样的运动单位，在实际训练中就是肌肉在接受一组训练负荷的刺激时是不可能募集所有运动单位的（图 2–6）。

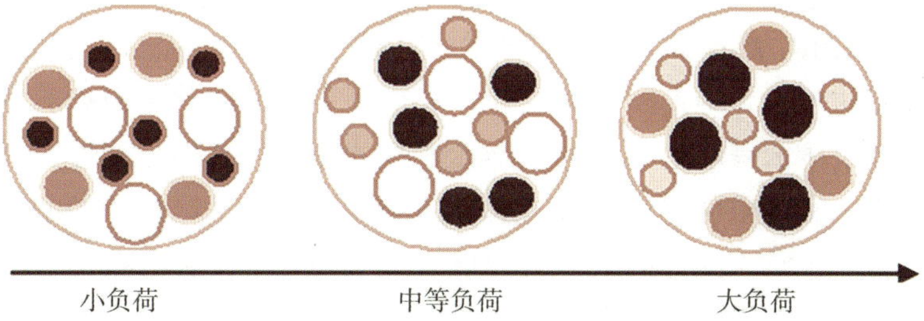

图 2–6 肌纤维募集原理

四、肌肉肥大的生理学机制

健身健美训练的生理学适应主要表现在肌肉肥大方面，这是健身健美训练的典型表现（图 2–7）。肌肉肥大可分为暂时性肥大和长期性肥大两种，暂时性肥大是指单次运动中或运动结束后即刻的肌肉体积增大，这主要是由来自血浆中的体液聚集（水肿）于细胞间质和细胞内所导致的。暂时性肥大的持续时间是很短的，因为体液将在运动后数小时内重新回到血液中去。长期性肥大是指长期抗阻训练所导致的肌肉体积增大，它反映了现有单条肌纤维体积的增大（纤维肥大）、纤维数量的增多或两者共同导致的实际肌肉结构变化。试图阐释这一现象内在原因的理论尚存在争议，但一项重要的发现是训练的离心收缩部分对于肌纤维横截面积最大程度增加而言是至关重要的。大量的研究表明，单纯离心收缩训练或向心收缩训练与向心收缩和离心收缩训练结合相比，后者导致的肥大和力量增长水平要更高。

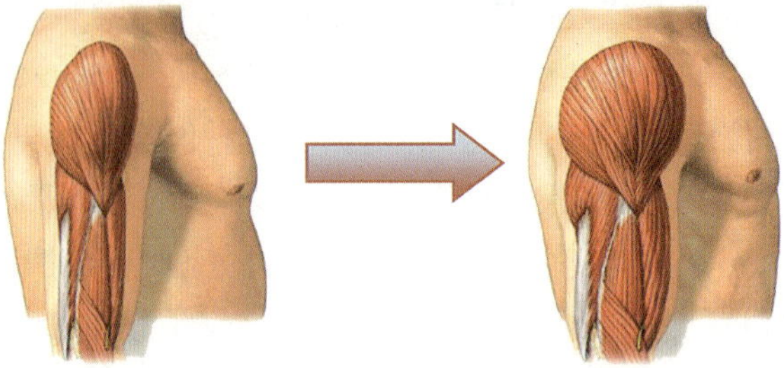

图 2-7　抗阻训练产生的肌肉肥大现象

多年来，生理学家对肌肉肥大机制进行了广泛的研究，归纳起来主要有两个方面：纤维肥大和纤维增生。

（一）纤维肥大

肌纤维功能性肥大主要是由肌质功能性肥大和肌原纤维功能性肥大所构成的（图2-8）。肌质功能性肥大是由肌质（肌纤维间的半流体物质）的生长和非收缩蛋白（它并不直接对肌力产生做出贡献）增加作为特征的。肌原纤维功能性肥大是肌纤维的一种增大，因为它获得了更多的肌原纤维，所以相应地，获得了更多的肌动蛋白和肌球蛋白。肌纤维的这两种功能性肥大显示程度是不同的，绝大多数的肌原纤维的功能性肥大是在优秀举重运动员身上发现的，而肌质功能性肥大是典型的健身健美运动员训练的结果。健身健美运动员关注的是既引导肌质功能性肥大，又应该通过不同方案来刺激收缩蛋白肌原纤维的合成和增加。所以，在设计健身健美训练方案时，既要考虑对肌质功能性肥大的训练方案，又要考虑对肌原纤维功能性肥大的训练方案。

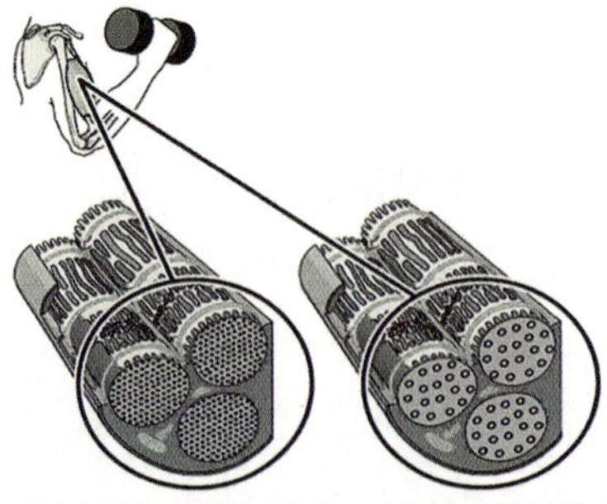

图 2-8　肌质功能性肥大和肌原纤维功能性肥大

（二）纤维增生

多数证据显示，单条肌纤维肥大对大部分肌肉的肥大都有作用，但也有研究表明对人体而言，肌肉肥大则可能是由纤维增生所造成的。这些新肌纤维究竟是怎样形成的？近年来研究证实卫星细胞，即涉及骨骼肌再生的肌源性干细胞可能与新肌纤维的生成有关。人在出生后，如果有骨骼肌细胞因为受伤而损坏或死亡，其将无法由其他的现存肌纤维细胞进行分裂而取代。但骨骼肌纤维是适应性非常强的细胞，这种未分化干细胞（卫星细胞）在正常情况下处于休眠状态，安静地位于肌细胞膜与外围的基底膜之间，当肌肉受损、坏死或负荷过重时，卫星细胞就会被激活，开始分裂、增殖（有丝分裂）、分化（功能蛋白的表达）并融合成多核，最后形成再生肌纤维；或者就与受压或受损的肌纤维融合，进行强化及修复任务（图 2–9）。到目前为止，大量研究证实了卫星细胞对骨骼肌创伤后肌纤维的再生和修复起着重要的作用，说明卫星细胞形成骨骼肌细胞的能力相当强，这也进一步证实了卫星细胞的活化似乎是健身健美训练引起的肌肉生长的重要机制。但是，抗阻训练在多大程度上能引起肌纤维肥大尚需测定。

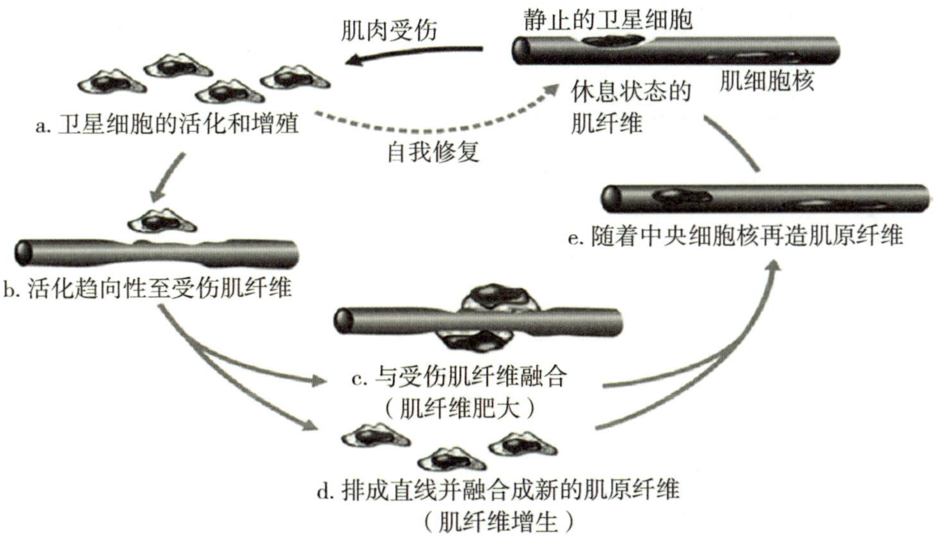

图 2–9　肌肉损伤后卫星细胞的应激

五、健身健美训练的能量代谢机制

身体运动的能量来源于肌肉细胞内高能复合物三磷酸腺苷（ATP）。ATP 在酶的催化下，迅速分解为二磷酸腺苷（ADP）和无机磷酸，并释放出能量。ATP 在肌肉里储存的数量是有限的，因此，必须不断地补充体内 ATP 的储量来保证身体运动的需要。所有其他的肌肉做功都要求首先重新填满已清空的 ATP 储备。否则，无论是短时间的高强度负荷运动还是持续几个小时的耐力负荷运动都无法进行。为肌肉充电（ATP 储备更新）有多种影响因素，除了时间过程外（充电的速度），还受负荷强度与持续时间的制约。细胞内通过三个不同的系统产生 ATP，具体包括磷酸原（ATP-CP）系统、糖酵解系统以及有氧供能系统（图 2-10）。

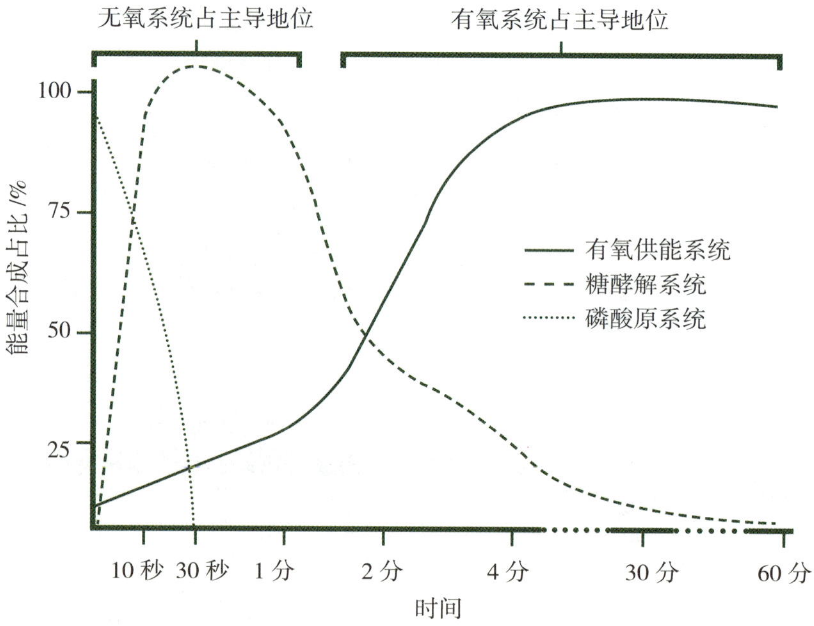

图 2-10　能量系统

（一）磷酸原系统

磷酸原系统又称 ATP-CP 系统，是一种无氧供能系统。细胞内除储存少量 ATP 外，还有另一种高能磷酸分子——磷酸肌酸（CP）。与 ATP 可自由供能不同，CP 分解释放的能量不能直接用于细胞的工作，而是用来重新合成 ATP，以维持相对持久的能量供应。像短跑这样的高强度运动，在其最初的几秒内，ATP 含量维持在一个相对不变的水平，但 CP 含量却不断下降，因为其要补充消耗的 ATP。力竭时，ATP 和 CP 含量均显著降低，以至于不能继续提供能量来维持肌肉的收缩和舒张。因此，分解 CP 来维持 ATP 含量的作用是有限的。体内储存的 ATP 和 CP，仅能提供全速奔跑 3 ~ 15 秒的能量供应，超过这个时间以后，肌肉将通过糖酵解和有氧氧化产生 ATP 供能。所以，在发展最大力量训练时，磷酸原系统是主要的供能系统。磷酸原储量的补充过程通常极为迅速，只需 30 秒人体的 ATP 水平就可以恢复 70%，而完全恢复则需要在运动后 3 ~ 5 分钟。

（二）糖酵解系统

第二种无氧供能系统是糖酵解系统，它是一种在多数运动中普遍运用的能量系统，供能持续时间为20秒～2分钟。糖酵解系统的主要能源消耗来源于血糖和肌糖原存储的分解。最初，大部分的ATP是由快速糖酵解供给，最大无氧做功的时间为40秒左右。而当运动持续近2分钟后，ATP供给主要来自慢速糖酵解。

快速糖酵解会导致乳酸生成，而乳酸又被迅速转化为乳酸盐。当糖酵解反应发生的速度过快时，人体将乳酸转化为乳酸盐的能力会减弱，这时乳酸会开始逐渐堆积。对乳酸的不耐受造成人体出现疲劳反应，进而最终导致运动的停止。乳酸的堆积在那些重复性的高强度运动中，尤其是在只有短暂休息间隔的运动项目中极为普遍。一项对学生的实际测试和研究发现，如果采用75%的1次重复最大重量（1RM）进行测试，上肢的测试动作是平卧杠铃卧推，完成该强度练习的次数平均是10次，以每次4秒计算，完成一组所需时间大约在40秒，下肢测试的动作是杠铃深蹲，完成该强度练习的时间大约在50秒，在这个40～50秒的能量供应区间，糖酵解是最主要的供能方式。人生长激素是肌肉合成代谢的重要激素，而人生长激素的分泌与乳酸浓度有直接的关系，因此，糖酵解系统占主导的高强度训练之所以能够产生更大的肌肉增长，这可能是主要原因之一。

（三）有氧供能系统

与糖酵解系统相似，有氧供能系统也能利用血糖和肌糖原生成ATP。与快速糖酵解系统不同，有氧供能系统不能在葡萄糖和糖原分解后产生乳酸。另外，有氧供能系统还能利用脂肪和蛋白质生成ATP。运动员休息时，有氧供能系统获得的70%的ATP是从脂肪氧化反应中得来的，30%的ATP来自碳水化合物氧化反应。布鲁克斯（Brooks）及其同事提出了一种被称为交叉概念的理论，认为低强度运动主要从脂肪和部分碳水化合物的氧化过程中获得ATP，随着运动强度的加大，用于产生ATP的碳水化合物消耗量增大，脂肪的使用率会下降，这进一步说明了高强度的运动是以碳水化合物作为主要能量源。有氧供能系统是持续时间在2分钟至大约3小时的运动项目ATP的主要来源。少于2分钟的运动依靠无氧方法来提供ATP。

健身健美教练员和运动员需要了解为运动提供能量的能量代谢机制。教练员和运动员可利用能量代谢机制来建立针对健身健美运动具体有效的训练方案。运动的能量代谢机制是建立在运动的持续时间和强度以及用于运动的能量基础上的。在实践中，原则上不是肌肉组织决定用这种或那种能量形式，而是根据健身健美训练的目标来调整三种能量代谢系统的比例。以发展最大力量为目标的训练每组时间控制在3～15秒以内，也就是在大重量少次数范围内进行训练。以肌肉肥大为目标的健美训练项目多数是在中等负荷下完成练习，所以，每一组练习时间在30～70秒。如果是以减脂为目标的健美训练，训练时间相对要长一些，这不仅仅包括一次练习课的时间，也指每一组训练的时间（图2–11）。

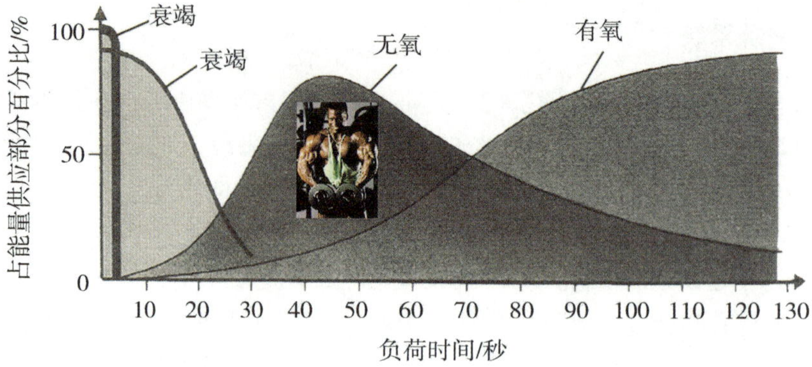

图 2-11　不同时长身体最大负荷时能量供应的过程

第二节　健身健美训练的生物力学基础

为了深入了解人体的运动，健身健美运动员必须了解肌肉骨骼系统的基础生物力学知识。学习这些知识可以更好地确定训练动作的合理性和规范性，明确肌肉刺激重点，优化动作结构，提高训练效率，以及预防运动损伤。对于健身健美运动员或教练员，生物力学基础知识是必须掌握的，因为它可以帮助他们提高制订和执行安全有效运动计划的能力。

一、杠杆系统

杠杆系统包含骨、关节和骨骼肌，在健身健美训练中直接涉及的身体活动都是通过杠杆来发挥作用的。当一个刚性的杆（杠杆）绕一个固定点（支点）转动时就会产生杠杆作用，日常生活中每天都有很多地方在利用杠杆作用，门上的合页充当了支点，而门本身就是一个杠杆，开瓶器也是一个杠杆，千斤顶也是。我们在设计练习动作的同时，需要考虑这个动作对目标肌肉的刺激效果以及它的力学优势，这不能被简单理解为一个动作，而是一个动作的许多变化。一般来说，杠杆是一个由横挂在支点上的硬杠所构成的简单器械（图 2-12）。一个杠杆有三个点：支点、力点和阻力点。在骨杠杆中，关节是支点，肌肉的起止点为力点，环节重心或负荷作用点为阻力点。要掌握杠杆系统，还必须了解动力臂、阻力臂、动力矩和阻力矩等概念。

◎ 支点：杠杆绕着转动的点称为支点。

◎ 力点：动力作用点称为力点，在骨杠杆上是肌肉附着于骨上的动点。

◎ 阻力点：阻力作用点称为阻力点。在骨杠杆上是阻力或运动环节的重力（空手时），或是其他物体的阻力，或是对抗肌的张力，或是韧带和筋膜的牵拉阻力等。不管有几种阻力，它们在杠杆上的阻力点只能用一个点来表示，即全部阻力的合力作用点。

◎ 动力臂：从支点到肌肉拉力线的垂直距离称为动力臂。
◎ 阻力臂：从支点到阻力作用线的垂直距离称为阻力臂。
◎ 力矩：力对物体的转动作用大小，决定于力和力臂的乘积，称作力矩。
◎ 动力矩：肌肉拉力与动力臂的乘积。
◎ 阻力矩：阻力和阻力臂的乘积。

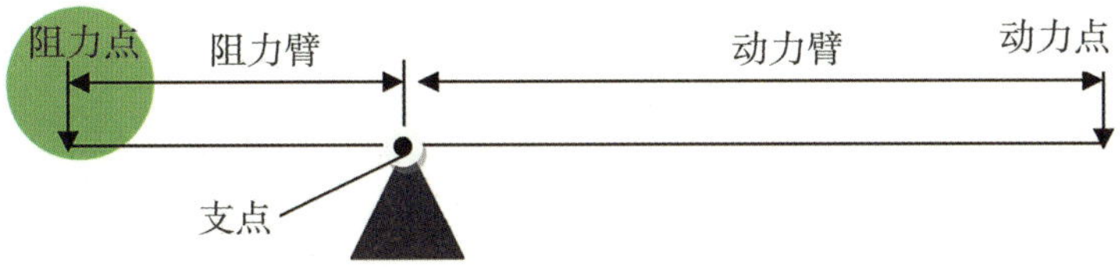

图 2-12　杠杆系统

二、杠杆的分类

人体内的骨杠杆依据支点、力点和阻力点三者的位置关系不同，可以分为平衡杠杆、省力杠杆和速度杠杆三类（图 2-13）。

（一）平衡杠杆

在人体内可以将头与颈椎的连接作为平衡杠杆的例子。肌力和阻力位于支点的两侧。

（二）省力杠杆

脚掌站立时足系统可作为省力杠杆的例子。肌力和阻力位于支点的同侧，肌肉力的动力臂比阻力臂长，它能以较小的力克服较大的阻力。

（三）速度杠杆

肱二头肌弯曲前臂的动作可以作为速度杠杆的例子。肌力和阻力位于支点的同侧，肌肉力的动力臂比阻力臂短，必须以较大的力克服较小的阻力。速度杠杆是肌肉骨骼系统最常使用的杠杆。

三、杠杆原理在健身健美训练中的应用

（一）肌力（力矩）曲线

练习过程中肌力的大小会因关节在活动范围内位置不同而变化，最大力矩与作用力大小取决于关节位置，这可以通过实际的健身健美练习动作来说明。在动作的某个区域会练

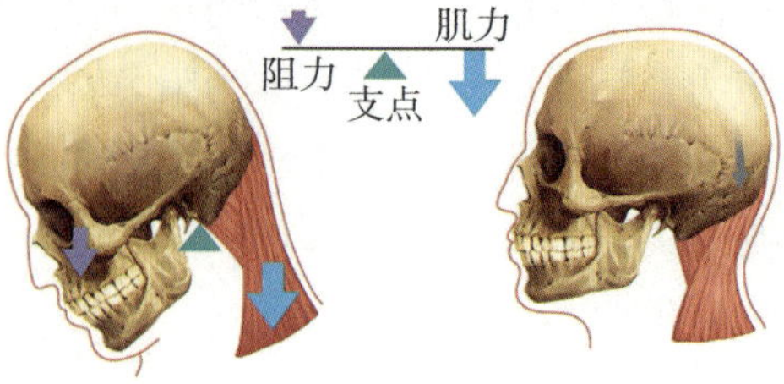

平衡杠杠

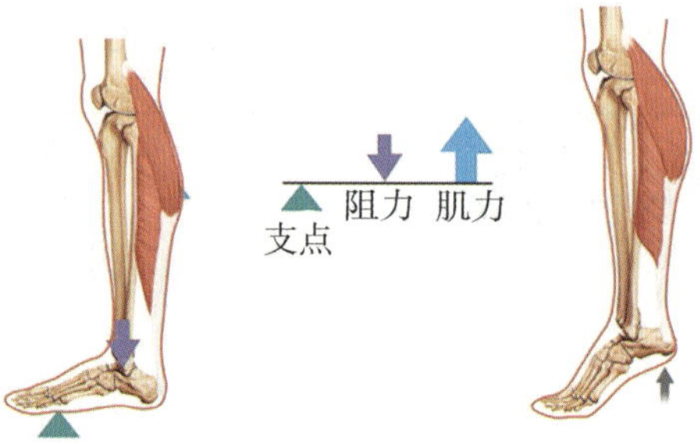

省力杠杠

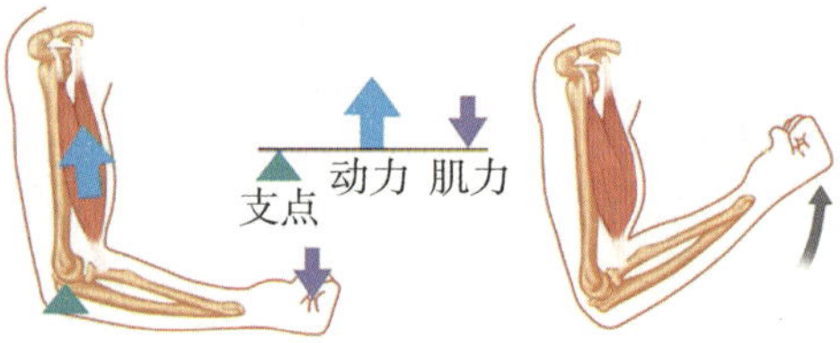

速度杠杠

图 2–13　三种骨杠杆类型

习者感到很容易，也有特定的位置感到最困难。当手拿重物的时候，关节产生的力矩就等于物体重量乘以重力与支点的水平距离。尽管在一次弯举过程中，重量不会发生变化，但是水平距离却是不断改变的。如果重物在水平上远离身体关节，那么重力就会产生更大的力矩，当重物在水平上靠近身体关节的时候，重力产生的力矩就会变小。例如，在站姿杠铃弯举练习中，当前臂在水平位置的时候，杠铃与肘关节的水平距离最大，阻力臂最大，这时必须以最大的肌肉力矩，才能使物体继续升高。如果重物向上或向下运动时，阻力臂就会减小。当重物位于肘关节的正上方或正下方的时候，不产生阻力矩，因为重力的水平力矩为零，重力对肱二头肌不会产生刺激（图 2–14）。

（二）增大阻力的方法

在健身健美训练中，除增加重量增大阻力的方法外，还使用增加阻力臂的方法。身体环节中心与关节水平距离越大，阻力臂就越大，肌肉就需要产生更大的力来完成训练动作。例如，在做双臂侧平举时，三角肌的阻力臂是很短的，而手臂的阻力臂是很长的。如果练习者选择 10 千克的哑铃做侧平举，手臂摆放位置不同时，动作就会变得简单或困难，直臂要比屈臂感到更吃力。假设在两种情况下肌力是相同的，屈肘举起哑铃时阻力臂变短，屈肘举起的次数会多于直臂举起的次数。了解身体位置与阻力矩之间的关系可以更好地调节动作的难易程度，这将改变过去“只有大重量才能刺激肌肉生长”的错误观念。

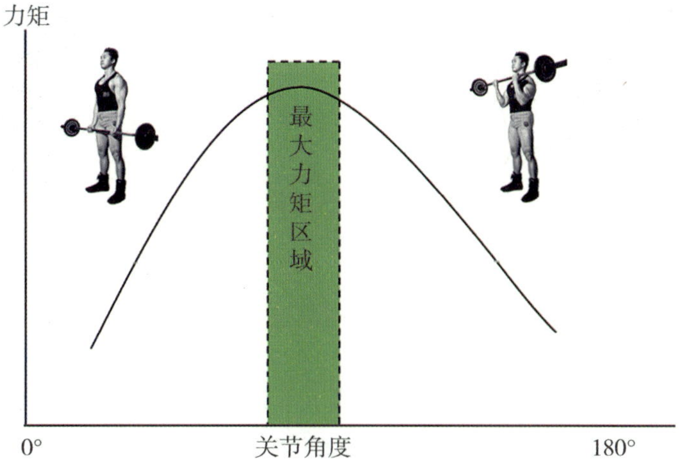

图 2-14　肌力（力矩）曲线

（三）减小阻力的方法

运动方式可以影响阻力矩的大小，并且转移肌群之间的压力。例如，杠铃深蹲动作训练中，如果躯干过度前倾，那么重力与髋关节之间的水平距离就会增加，从而增加了阻力矩，这时臀大肌和腘绳肌就必须产生很大的力来抵消阻力矩，其结果是竖脊肌压力增加，重力作用线与膝关节的水平距离减小，膝关节和股四头肌压力减小。在深蹲动作过程中，上身过度前倾，这种错误的动作会加大腰部的压力，有可能增加腰部损伤的风险（图 2-15）。因此，为了防止这种现象发生，练习者可以通过减小阻力臂的方式来减轻腰部的压力，实际动作是通过上身挺直来减轻腰部的压力（图 2-16）。史密斯训练器是一个多功能的健身训练器材，杠铃是沿着固定轨迹运动的。在做深蹲动作时，如果练习者希望减轻背部的压力，可以将脚的位置向前移动来改变水平力矩的大小。当脚向前的时候，躯干更加竖直，这会减小下背部的水平力矩，从而减小背部肌肉的力矩，使股四头肌承担更多的工作。

第三节　健身健美训练的营养学基础

健身健美训练和营养是不可分开的两个部分，强调一方面而忽视另一方面都不会使练习者获得最佳的效果。营养学的基本知识是相对简单的，了解健身健美训练的具体营养需

图 2-15　错误的深蹲动作

图 2-16　规范的深蹲动作

求并将这些基本知识运用到训练中去，才是最重要的。制订一个科学的营养膳食计划，健身健美练习者就必须掌握营养学基础知识，比如蛋白质、碳水化合物、脂肪、矿物质、维生素、水、膳食纤维等营养元素的作用及摄入量；只有了解吃哪些食物、吃多少才能保证得到这些营养的必要供给。除此之外，健身健美练习者也必须注意这些营养的均衡，一种营养需要多少，其他的营养又需要多少。如果饮食中不能包含身体恢复所需的所有营养成分，这将会影响健身健美训练的整个进程。

一、蛋白质

蛋白质是所有生物细胞的基本构成物质，人体中蛋白质含量仅次于水分。氨基酸是组成蛋白质的基本单位，氨基酸以不同的方式组合在一起，构成不同种类的蛋白质，以建造人体的细胞和器官。当体内的蛋白质被分解时，生成的氨基酸被氧化供能生成二氧化碳（CO_2）和水（H_2O），氮随尿液以尿素的形式排出体外。蛋白质不能在肌肉中储存起来，必须不断地按时补充，这就是要把每天所摄入的蛋白质分 5 ~ 6 次补充并且每隔 3 小时左右摄入定量蛋白质的主要原因。当饮食中额外增加蛋白质的补充时，多余的氨基酸也能够氧化供能，额外的氮以尿素的形式排出体外。经常参加训练的健身健美运动员，还要了解一个简单道理：肌肉吸收蛋白质的量是有一定限度的，就像给茶杯里倒水一样，一旦茶杯满了，再往里面倒水也不会有什么益处。

（一）蛋白质的作用

蛋白质的空间结构和氨基酸的排列顺序决定着其在机体中的作用，主要包括以下几个方面：

◎ 蛋白质作为身体生长和肌肉组织修复的构建材料，是一切细胞的结构组成部分，如皮肤、筋腱、韧带、膜、肌肉、器官和骨骼的核心成分，支持机体生长和更新。

◎ 蛋白质作为酶类。体内 4000 种以上的酶都属于蛋白质类，它们的催化作用几乎主宰了主要的物质代谢，同时可以修复和构建身体组织，尤其是肌肉。

◎ 蛋白质形成与能量代谢有关的激素，如胰岛素、胰高血糖素、肾上腺素，没有各种激素，人体的各种机制无法启动，大部分激素是由蛋白质及其系列物质所构成的。

◎ 蛋白质与核酸是人类各种细胞自我复制无法代替的物质，也是人体中基因表达的最重要的物质。

◎ 蛋白质是人体活动之源，尤其是在碳水化合物摄入不足、糖储备较低和能量供应不足的情况下。

◎ 蛋白质是体内重要营养与活性物质的运载工具，例如运载脂肪酸要用脂蛋白，运载维生素要用其专一的运载蛋白等。

◎ 人体的免疫物质，包括免疫细胞，如 T 淋巴细胞与白细胞，实际上都是以蛋白质为主构成的，当然也有脂类的参加，这是非常重要的。

◎ 蛋白质有助于保持水分和电解质的平衡。

◎ 蛋白质协助保持酸碱平衡。

（二）蛋白质的种类

人体通过摄入蛋白质以获取合成机体蛋白质（人体肌肉）所需的各种氨基酸。所有的蛋白质由氨基酸组成。氨基酸电荷和结构的不同影响着它们形成的蛋白质的形状和功能。氨基酸可分两大类。

1. 必需氨基酸

必需氨基酸是人体不能合成或合成速度远不能满足机体需要的一类氨基酸，没有它们，机体就无法合成所需的蛋白质。必需氨基酸必须从膳食或运动营养品中补充。

2. 非必需氨基酸

非必需氨基酸并非体内蛋白质合成不需要，而是人体内可以合成的。当总氮量不足时，体内合成非必需氨基酸会受到限制，从而制约人体蛋白质（人体肌肉）的合成。

（三）健身健美练习者蛋白质摄入量推荐值

每日蛋白质摄入量是由练习者自身决定的，取决于其身体成分、活动强度、年龄、身高、体重和训练计划等，即使是相同的体重，如果身体成分相差较大，对蛋白质的需求也会有很大的差异。健身健美练习者的蛋白质摄入量推荐值可以参考表 2–1。在保证摄入量的同时要考虑蛋白质的质量，优质的蛋白食品，其氨基酸的含量是均衡的，包括鱼类（包括三文鱼、金枪鱼等）、鸡胸肉、瘦牛肉、火鸡肉、脱脂牛奶、鸡蛋、大豆、乳制品等。

表 2–1 健身健美练习者蛋白质摄入量推荐值

	保持期及训练初期	推荐值	赛季	不推荐
每日蛋白质摄入量 / 克 ·（千克体重 · 天）$^{-1}$	1.0 ~ 2.0	2.0 ~ 3.0	3.0 ~ 4.5	>4.5

二、碳水化合物

碳水化合物是健身活动的主要能量来源，为合成糖原提供底物。在绝大多数植物食物，尤其是水果和谷物类中含量丰富。食物中的碳水化合物不论其分子大小，一旦被机体摄入，就在胃和肠道被分解为最小的单元，通常是葡萄糖。葡萄糖被吸收入血液并运转到肌肉和其他组织，进一步分解产生能量。如果葡萄糖不需要马上用于提供能量，就会以糖原的形式储存于肌肉和肝脏。机体储存糖原是有限度的，一旦储存在肌肉和肝脏里的糖原满了，多余的葡萄糖就将转化为脂肪。碳水化合物摄入量取决于总能量的摄入、体型、健康状况和运动的持续时间、强度和方式。

（一）碳水化合物的作用

碳水化合物是人体主要的能源物质，是机体生存的主要原料。对于人体来说，碳水化合物具有如下作用：

◎ 组成身体成分。

◎ 提供机体所需的能量。

◎ 维持大脑功能必须的能源。

◎ 调节脂肪代谢。

◎ 增强肠道系统功能。

（二）碳水化合物的分类

食物中的碳水化合物一般被分为由单糖、双糖和低聚糖组成的简单碳水化合物和由淀粉、纤维素组成的复合碳水化合物。大多数的这些碳水化合物都存在于天然食物中，而其他一些碳水化合物如高果糖谷物糖浆，是经过工业加工制成的，通常在加工食品中被用作甜味剂。不同形式的碳水化合物在机体内吸收和氧化的速率是不同的。根据其形式及其数量可分为四种类型的碳水化合物。

1. 单糖

单糖是糖的最简单的形式，如葡萄糖、果糖、半乳糖。

◎ 葡萄糖：葡萄糖是肝脏、肌肉和其他器官储存糖原的来源，是细胞中主要的碳水化合物的能量来源。

◎ 果糖：果糖是主要存在于水果和蜂蜜中的单糖。果糖比常见的食用糖（蔗糖）要甜一些。它是通过葡萄糖转运蛋白5（GLUT5）被小肠吸收的，必须被转运到肝脏内转变成葡萄糖。

◎ 半乳糖：半乳糖是牛奶中简单的单糖。

2. 双糖

双糖是由两个单糖组成的糖，如蔗糖、乳糖、麦芽糖。

◎ 蔗糖：蔗糖是常见的食用糖，由一单位的葡萄糖和一单位的果糖组成。蔗糖是从甘蔗和甜菜中提取出来的，蔗糖是我们饮食中最常见的双糖，它在小肠中被转化成葡萄糖和果糖。

◎ 乳糖：乳糖是在奶制品中发现的糖，由一单位的葡萄糖和一单位的半乳糖组成。许多成年人不能吸收这种糖，这种病症被命名为乳糖不耐受症，这是因为他们缺乏乳糖酶。

◎ 麦芽糖：麦芽糖由两单位的葡萄糖组成。这种糖是由淀粉分解产生的，快速地被消化成葡萄糖，然后快速地被身体吸收，吸收率与食用葡萄糖类似。

3. 低聚糖

低聚糖是由 3 ~ 10 个糖苷键聚合而成的化合物。

◎ 麦芽糊精：麦芽糊精是由长链淀粉水解而成的一种葡萄糖聚合物，这种糖在运动饮料和加工食品中很常见。与麦芽糖一样，麦芽糊精快速水解成葡萄糖被吸收。

◎ 玉米糖浆：玉米糖浆是一种由葡萄糖和短链的葡萄糖聚合物组成的甜的糖浆，由玉米淀粉水解产生。与麦芽糊精一样，玉米糖浆快速被消化，以葡萄糖为单位被吸收。

◎ 高果糖谷物糖浆：高果糖谷物糖浆是一种特别甜的谷物糖浆，45% ~ 55% 的碳水化合物被水解成单葡萄糖和果糖。高果糖玉米糖浆的黏性低于传统的玉米糖浆，但是其单糖和双糖的浓度却接近传统玉米糖浆的两倍。目前它是加工甜味食品中主要的甜味剂。

4. 多糖

多糖是由多个单糖组成的聚合糖。

◎ 淀粉：淀粉存在于植物的种子和根茎中。淀粉是由直链的葡萄糖聚合物（称为直链淀粉）和一些支链葡萄糖聚合物（称为支链淀粉）组成的。复合碳水化合物主要由淀粉和纤维素构成，淀粉被消化分解成葡萄糖。含有较多直链的淀粉比含有较多支链的淀粉消化得更快。

◎ 食物中的纤维素：食物中的纤维素不能被肠道中的酶分解，可以发酵进而作为肠道中细菌的食物来源，或者作为粪便排出。这样，一些纤维素就在结肠内被分解。高纤维素的膳食通常可以增加粪便的数量和引起胃肠胀气。

（三）健身健美练习者碳水化合物摄入量推荐值

中国居民膳食营养素参考摄入量中碳水化合物应占总能量的 55% ~ 65%。

健身健美练习者，每天每千克体重至少摄入 4.0 克碳水化合物，而增肌困难者应该增加到每天每千克体重摄入 6.0 克碳水化合物。如果保持肌肉体积不变，每天每千克体重应摄入 2.0 ~ 4.0 克碳水化合物。如果想减少体脂，只能每天每千克体重摄入 1.0 ~ 2.0 克碳水化合物（表 2–2）。

表 2–2　健身健美练习者碳水化合物摄入量推荐值

	减脂期	赛季	推荐值（平时训练周期）	增肌困难者
每日碳水化合物摄入量 / 克 ·（千克体重 · 天）$^{-1}$	1.0 ~ 2.0	2.0 ~ 4.0	4.0 ~ 7.0	6.0 ~ 10

三、脂肪

脂肪是人体内含量最多的燃料，是安静和运动时不可缺少的供能物质。脂肪作为燃料可产生大量热量，可以提供约 9 千卡 / 克的热量，是蛋白质和碳水化合物的 2 倍。正常人体组织中脂类占总体重的 14% ~ 19%，主要分布在皮下及内脏器官周围，绝大多数以甘油三酯的形式储存于脂肪组织中。由于大部分脂肪储存在脂肪组织中，作为肌肉运动的燃料不容易获取。脂肪要用作燃料，必须首先分解成脂肪酸，通过血液循环从脂肪组织转运到肌肉，然后穿过肌肉细胞膜，最后进入线粒体。脂肪酸只有在线粒体内才能被进一步分解，为肌肉提供合成 ATP 所需的能量。由于这个过程较慢，因此，脂肪代谢供能只能用于低、中等强度的运动。

（一）脂肪的作用

脂肪是人体三大产能营养素之一，是机体所必需的营养元素，具有重要的作用。

◎ 脂肪为我们的身体储存和提供能量，并在肌肉工作时作为燃料。

◎ 脂肪构成身体成分，是生命的物质基础。

◎ 脂肪是细胞膜的成分，也是脑和脊髓组织的成分。

◎ 脂肪储存于脂肪组织中作为身体保护的缓冲垫并保护着我们的脏器。脂肪可减少热量散失，维持体温恒定。

◎ 脂肪也为机体提供必需脂肪酸（亚油酸和 α– 亚麻酸）和脂溶性维生素（维生素 A、D、E 和 K）。这些必需脂肪酸是机体中许多调控物质（如激素）的前体。

◎ 脂肪可以促进脂溶性维生素的吸收。

（二）脂肪的分类

食物以及人体中的脂肪分为三类，其中的 95% 是甘油三酯，另外两类是磷脂和固醇。不同种类脂肪的结构单位都是脂肪酸，食物中的脂肪酸影响人体内脂肪的组成。脂肪酸主要有三种类型：饱和脂肪酸、单不饱和脂肪酸和多不饱和脂肪酸。通常，大部分饮食中的脂肪与油脂，均混合着这三种脂肪酸，而其中的一种脂肪酸会占较高的比例。饱和脂肪酸一般在常温下呈固态状，并在肉（如猪肉、鸡肉）和乳制品中含量最为丰富。单不饱和脂肪酸在常温下呈液态状，在植物油如橄榄油、花生油、芥花籽油和菜籽油中浓度最高。多不饱和脂肪酸在某些植物油中特别是玉米油和大豆油中最为丰富，在种子（葵花籽油）、全谷类食物和偏肥型鱼（如鲑鱼和金枪鱼）中含量也非常丰富。含有不饱和脂肪酸的食物，尤其是含有单不饱和脂肪酸的食物，对于健身健美练习者来说是非常必要的。ω–3 脂肪酸是一种不饱和脂肪酸，主要存在于鱼类（三文鱼、金枪鱼、沙丁鱼、凤尾鱼、鲭鱼）和亚麻仁油（亚麻子、大麻子、南瓜子）中，它对于肌肉组织的合成和创造良好的激素环境是非常重要的。其他的不饱和脂肪酸，包括那些存在于橄榄、鳄梨、坚果、种子和橄榄油中的不饱和脂肪酸，也为练习者训练后的恢复提供重要营养基础（表 2–3）。

表 2–3　日常所需食物的分类脂肪酸占总脂肪酸的百分比

食物	饱和脂肪酸 /%	单不饱和脂肪酸 /%	多不饱和脂肪酸 /%
黄油、冰激凌、牛奶	65	30	5
牛肉	46	48	6
腊肉和猪肉	38	50	12
猪油	42	45	13
鸡肉	33	39	28
鱼	29	31	40
椰子油	92	6	2
果核油	86	12	2
可可脂	63	34	3
橄榄油	15	76	9
花生油	20	48	32
棉花籽油	27	20	53
豆油	16	24	60
食用玉米油	13	26	61
向日葵籽油	11	22	67
红花油	10	13	77

（三）健身健美练习者脂肪摄入量推荐值

正常人的饮食中脂肪的摄入量不应超过总热量的 30%。经常健身人群每天脂肪的建议摄入量应占总热量的 20% ~ 35%，来自于饱和脂肪酸的能量应少于 10%，保证含有单不饱和脂肪酸（如橄榄油、菜籽油）和多不饱和脂肪酸（如大豆油、鱼和玉米油）。偏向于低脂肪膳食的健身健美运动员应该谨慎确保他们摄取了足够量的脂肪，食物脂肪低于总热量的 15% 可能减少睾酮的分泌，从而影响肌肉的合成环境。研究人员对不同饮食结构对体内激素水平的影响进行了试验，其中脂肪含量从极低的 10% 到很高的 40%。他们发现，比较合适的范围在 25% ~ 30% 之间。而且如果从脂肪含量极低的饮食结构转变到稍高一些脂肪摄入的饮食结构，其健身健美效果会更好（表 2–4）。

表 2–4　健身健美练习者脂肪摄入量推荐占比

	赛季	推荐值（平时训练周期）	不推荐
脂肪摄入量占总热量百分比 /%	5 ~ 10	15 ~ 35	40 ~ 50

四、矿物质

矿物质分为钙、镁、钾、钠等常量元素，以及铁、锌、硒、铬等微量元素。人体中矿物质虽然比例较小，但作用巨大，它们在人体整个新陈代谢、增加肌肉组织和体重控制中起着重要作用。

（一）钙

1. 作用

钙是身体里含量最多的矿物质。钙和磷是骨骼和牙齿的主要成分，人体 99% 的钙存在于这两种组织内。其作用在于调节离子的跨膜运输，调节各种激素、消化酶和神经递质的分泌，尤其在神经传导方面极为重要；帮助维持正常血压，是肌肉收缩的必需元素，对心跳也很重要。此外，钙在血液凝固过程中起重要作用。最新的研究表明，在高强度训练期间，在保证较大钙元素摄入量的情况下，运动员体内的睾酮水平会显著升高。

2. 成年运动员的推荐每日摄入量

1000 ～ 1200 毫克，最高 2500 毫克。

3. 食物来源

牛奶、奶酪、冰激凌、肉类、小鱼、玉米饼、南瓜籽、牡蛎、豆腐及豆制品、紫菜、卷心菜等。

（二）磷

1. 作用

磷在体内的含量非常丰富，身体中有 80% 的磷存在于骨骼和牙齿中，是骨基本结构的组成成分。血液中的磷有助于维持酸碱平衡，并且磷还是细胞遗传物质的组成成分，参与能量代谢，帮助构建细胞膜。

2. 成年运动员的推荐每日摄入量

700 ～ 4000 毫克。

3. 食物来源

牛奶、蛋黄、肉类、白米、面粉。另外天然的、具有生物活性的磷大量存在于发芽豆类、豌豆、蓝绿色藻类、海带、红藻和其他海菜中。

（三）钠

1. 作用

钠主要存在于细胞外液，是细胞外液中的主要阳离子，约占阳离子总量的 90%，与阴离子一同构成渗透压，是调节身体体液平衡的关键物质。钠与钾的平衡，是维持细胞内外水分稳定的基本条件，它可以控制血浆中的电解质水平，帮助调节神经和肌肉功能。此外，钠也帮助维持酸碱平衡，在肌肉收缩、神经传导过程中也有重要作用。

2. 成年运动员的推荐每日摄入量

1500 ~ 4500 毫克。通常每天食盐用量不要超过 6 克。

3. 食物来源

橄榄、小虾、日本豆面酱、甜菜根、火腿、芹菜、卷心菜、螃蟹、白软干酪、豆瓣菜、红菜豆。

（四）钾

1. 作用

钾是细胞内部主要的阳离子，对维持细胞液和电解质平衡以及细胞的完整性有重要作用。葡萄糖和氨基酸进入细胞合成时，必须有适量的钾离子参与糖原和蛋白质的合成。如果没有钾，细胞、神经和肌肉就不能正常运作。此外，钾元素还是一种细胞体积增大剂，它像肌酸一样，把水分“拽”进细胞中，结果导致肌肉中的水分含量临时增加，额外增加的水分进入细胞后，也能促进肌肉蛋白质的合成。此外，补充钾元素可以改善体内的水分分配，防止身体脱水。鉴于钾元素的这些特殊功效，有些健身健美运动员尝试在比赛前大量补充钾元素，希望使肌肉变得更饱满，皮下水分更少。但是，实际补充效果还有待进一步研究。因为肌肉内的钾元素浓度有一个极限，如果钾元素的摄入量已经很大，那么再大量补充也不起作用。建议健身健美运动员不一定是在赛前补充钾元素，甚至是在非赛季，也可以通过增加钾元素的摄入量来提高训练效果。

2. 成年运动员的推荐每日摄入量

钾摄入量研究不多，参考国内外资料一般推荐摄入量为 2000 毫克。此外，赛季和非赛季对钾的摄入略有区别。

3. 食物来源

坚果、发芽全谷物、大豆、豌豆、西红柿、香蕉、猕猴桃、橘子、豆瓣菜、卷心菜、芹菜、小胡瓜、萝卜、花椰菜、蘑菇、南瓜、蜂蜜。

（五）镁

1. 作用

镁是一种人体必需的微量元素，是骨骼的重要成分。它参与 300 多种酶的催化反应，很多酶催化细胞中能量的产生和储存。镁是维持 ATP 水解酶正常功能所必须的，肝糖原分解、蛋白质合成以及脂质氧化反应都需要这些酶的参与。镁在神经肌肉兴奋性传递及心脏兴奋性、血管紧张度、肌肉收缩、血压等的控制中起着核心的作用。显然，在运动底物的代谢以及能量的产生过程中，镁的作用至关重要。此外，镁在促进肌肉的力量增长、体积增大以及改善睡眠质量方面也具有很重要的作用。

2. 成年运动员的推荐每日摄入量

男子 400 ~ 420 毫克，女子 310 ~ 320 毫克。

3. 食物来源

深色绿叶蔬菜、五谷、坚果类（杏仁、亚麻籽、胡桃等）、豆荚、葡萄干、海产类及牛奶。

（六）铁

1. 作用

铁在人体内的含量相对较少，但非常重要。体内大部分的铁用来构建两种蛋白质——红细胞中的血红蛋白和肌肉细胞中的肌红蛋白。血红蛋白负责将氧从肺部通过血液循环运送到全身各个组织器官，肌红蛋白负责为肌肉细胞运输和储存氧。此外，铁在生成新细胞、合成氨基酸、激素和神经递质过程中也是必不可少的。

2. 成年运动员的推荐每日摄入量

男子 8 ~ 45 毫克，女子 18 ~ 45 毫克。

3. 食物来源

肝脏、瘦肉、心、肾、贝类、干豆、深色绿叶蔬菜、水果干、蛋黄以及糖蜜含有丰富的铁元素。此外，南瓜籽、杏仁、腰果、荞麦粉、花生、巴西坚果、核桃、熟蚕豆、大蒜、葡萄干、青豆、马铃薯皮、螃蟹等也含有大量铁元素。

（七）锰

1. 作用

锰有许多功能，它对激活与软骨合成有关的酶非常重要，它是一些酶的成分，这些酶可以保护组织不受自由基的侵害。锰对甲状腺激素和性激素的产生是不可或缺的元素，对胆固醇和胰岛素制造也很重要，肝脏储存葡萄糖和骨骼的健康生长同样需要锰。

2. 成年运动员的推荐每日摄入量

男子 2.3 ~ 11 毫克，女子 1.8 ~ 11 毫克。

3. 食物来源

海洋藻类、淡水藻类、豆瓣菜、菠萝、生菜、葡萄、草莓、黑梅、燕麦、甜菜根、芹菜等。

（八）锌

1. 作用

锌是一种必须的微量元素，也是一种抗氧化剂，几乎参与了人体所有的生理过程和代谢途径。人体超过 300 种酶的功能和结构的维持都需要锌的参与，其中很多酶都参与常量营养素的代谢过程。锌是人体多种酶、辅酶的必需元素，它参与这些酶的组成和激活，能提高人体内很多酶的活性，进而在运动中提供能量，对很多生化反应具有重要的意义。除对酶的结构和活性有影响外，锌对核酸和蛋白质的合成、细胞的分化和复制以及肌肉的功能也是必需的。锌影响很多激素的产生、储存和分泌，这些激素包括生长激素、甲状腺激素、促性腺激素、性激素、催乳素、胰岛素和皮质醇。2007 年的一项研究表明，连续四周补充锌，可以显著提高受试者休息时和训练后的睾酮水平。

2. 成年运动员的推荐每日摄入量

男子 11 ~ 40 毫克，女子 8 ~ 40 毫克。

3. 食物来源

动物肝脏、牡蛎、核桃、小虾、蛋黄、肉类、鱼类、全谷类、花生、豆类。一般来说，富含蛋白质的食物是最好的锌来源。贝类、牛肉以及其他红肉含锌量也很高，其中牡蛎的含锌量最高。植物性食物中，坚果和豆类是锌的最佳来源。

（九）铬

1. 作用

铬参与人体糖和脂肪的代谢，对人体的健康有着重要的生理作用，是人体必需的微量元素。根据目前的研究，铬最重要的生物学作用是增强胰岛素的作用，进而可以提高碳水化合物、蛋白质、脂肪的摄取和利用。此外，铬还是葡萄糖耐量因子（GTF）的组成部分，葡萄糖耐量因子的组成还包括烟酸和多种氨基酸。尽管葡萄糖耐量因子确切的生理学作用目前并不清楚，但可能机制是：葡萄糖耐量因子能促进胰岛素与细胞受体的结合，增加胰岛素受体的数量，提高胰岛素的敏感性，这样可以降低餐后葡萄糖水平并增加氨基酸和脂肪酸的摄取。

2. 成年运动员的推荐每日摄入量

男子 35 ~ 200 微克，女子 25 ~ 200 微克。

3. 食物来源

加工的肉制品、动物肝脏、肉类、鱼贝类、全谷物食物、海藻、面包、奶酪、小麦胚芽、准备食用的麸麦片、绿豆、花椰菜、蘑菇、香料中的铬含量比较丰富。

（十）硒

1. 作用

硒是一种强效抗氧化剂矿物质，可以保护身体组织免受自由基侵害，它是谷胱甘肽过氧化物酶的一种成分，可以清除过氧化氢、还原脂质氢过氧化物和防止核糖核酸（RNA）和脱氧核糖核酸（DNA）损伤，因此，硒是一种重要的抑制氧化损伤的物质。此外，它还能通过促进碘的新陈代谢，以维持甲状腺的健康，并生成重要的甲状腺激素。由于甲状腺控制身体的新陈代谢，因此维持甲状腺健康对于保持健美的体形非常重要。没有了硒这种矿物质，就没有正常发育和生育，肝脏就不能正常运作，重要的激素就不能产生，而且免疫系统也不能充分发挥作用。

2. 成年运动员的推荐每日摄入量

55 ~ 400 微克。

3. 食物来源

巴西坚果、金枪鱼罐头、熟牛肉、鳕鱼、烤鸡胸肉、鸡蛋、速溶麦片、糙米、全麦面包、绿豆芽、南瓜子、芝麻、葵花籽、小麦草和它们的新芽。

（十一）铜

1. 作用

铜是电子传递过程中酶的一个重要的辅助因子，电子传递过程中的酶、胶原蛋白合成以及去甲肾上腺素合成相关的酶都需要铜的参与。此外，铜还是血红蛋白和肌红蛋白的重要成分之一，对于铁的有效利用也是不可缺少的。

2. 成年运动员的推荐每日摄入量

900 ~ 10 000 微克。

3. 食物来源

铜的主要食物来源是肉类、海鲜、蔬菜、豆类、花生酱、坚果和可食用的种子等，其中铜含量最高的是煮熟的内脏和牡蛎。一些未深加工的谷物类食品是铜的强化食品，小麦麸麦片和全谷物产品也是比较好的铜的来源。

五、维生素

维生素是维持人体正常生理功能和健康不可缺少的一类小分子有机化合物，它帮助其他营养物质的消化、吸收和代谢，或者用于构建身体组织。维生素在运动中的作用受到越来越多的关注和重视，其主要原因是机体能量消耗增加，加速了代谢过程，各种酶的活动增加，使维生素的消耗也相应增加。维生素作为能量代谢辅助因子，要及时、适量地补充，这有利于产生能量并改善神经系统功能，从而满足运动对机体代谢能力的要求。另外，运动使胃肠道对维生素的吸收能力下降，体内维生素的周转率加速，运动中的大量排汗，使水溶性维生素流失严重，造成对维生素需求量的增加。因此，参与运动的人对维生素的需求量比一般人高。

（一）维生素 A

1. 作用

维生素 A 是身体健康所必需的化学物质，它是一种无色的物质，存在于动物肝脏、牛奶、蛋和鱼油中，化学名称为视黄醇。它对身体一系列功能产生影响，比如正常的细胞分化和生长、胚胎发育、DNA 合成和维护呼吸道、消化道和泌尿道的黏膜，维生素 A 都是不可或缺的。维生素 A 在视力方面也有重要作用。此外，维生素 A 在防止自由基造成的损害等方面发挥着关键作用。

2. 成年运动员的推荐每日摄入量

男子 900 ~ 3000 微克，女子 700 ~ 3000 微克。

3. 食物来源

牛肝脏、胡萝卜、豆瓣菜、卷心菜、西葫芦、甘薯、南瓜、芒果、西红柿、卷心菜、菠菜、杏、橘子、芦笋等。

（二）维生素 D

1. 作用

维生素 D 是一种调节血清钙的营养素，有助于维持骨钙平衡，对钙的新陈代谢至关重要。身体需要维生素 D 来吸收钙和磷，健康的骨骼和牙齿离不开它。肌纤维实际上也有维生素 D 受体，当维生素 D 与这些受体发生反应时，它可以使那些能促进肌肉生长和增强力量的基因更具活性。

2. 成年运动员的推荐每日摄入量

男子 15 ~ 50 微克，女子 5 ~ 50 微克。

3. 食物来源

维生素 D 的两个主要来源是皮肤组织内的合成（紫外线照射）和富含维生素 D 的食物，例如，大马哈鱼、牡蛎、沙丁鱼、金枪鱼、鱼肝油、动物肝脏、蛋黄等食物是维生素 D 的主要来源，此外，营养强化牛奶、果汁、酸奶、人造黄油、麦片、奶酪、谷类等，也是维生素 D 的来源。

（三）维生素 E

1. 作用

维生素 E 是一种重要的抗氧化物质，有消除自由基，保护生物膜上多元不饱和脂肪酸免受氧化损伤的作用，对酶的活性也起到保护作用。此外，维生素 E 有可以提高抗氧化还原反应和维持生殖功能的作用。运动人群补充维生素 E 可以促进蛋白质合成，改善肌肉的血液供应和营养，提高肌肉质量，有抗疲劳作用。运动后补充维生素 E 有提高最大摄氧量、减少氧债和血乳酸的作用，有助于减轻肌肉酸痛。

2. 成年运动员的推荐每日摄入量

15 ~ 1000 毫克。

3. 食物来源

糙米、胚芽米、玉米油、葵花籽、花生、芝麻籽及植物种子类油等。

（四）维生素 K

1. 作用

维生素 K 对于合成可以控制血液凝固的肝脏蛋白质是非常重要的，是血液凝固的重要因子。此外，维生素 K 还参与骨骼代谢，影响骨骼健康。

2. 成年运动员的推荐每日摄入量

男子 120 微克，女子 90 微克。

3. 食物来源

花椰菜、菠菜、生菜、卷心菜、蚕豆、豌豆、豆瓣菜、芦笋、马铃薯、玉米油、西红柿、牛奶、蜂蜜等。

（五）维生素 C

1. 作用

维生素 C 是一种强力抗氧化剂，参与肌肉组织的生物氧化过程，促进物质代谢，保护细胞膜免遭毁坏和防止衰老。维生素 C 是生物合成肉毒碱和合成胶原的必需物质，胶原是连接组织的主要蛋白质，是形成牙齿和骨骼的基质。维生素 C 还有助于增加饮食中铁（三价铁）或非血红素铁的吸收、转运和储存，可提高免疫功能，缓解疲劳和肌肉酸痛，有助于氨基酸代谢，对提高身体的运动能力有重要作用。维生素 C 对降低考地松水平很有帮助，考地松是一种分解代谢激素，降低它就能提高合成代谢水平，有利于增长肌肉，提高运动后的恢复能力。研究表明，维生素 C 的补充应是长期的，急性补充维生素 C 对自由基清除和肌肉损伤似乎没有帮助。

2. 成年运动员的推荐每日摄入量

男子 90 ~ 2000 毫克，女子 75 ~ 2000 毫克。

3. 食物来源

辣椒、豆瓣菜、卷心菜、花椰菜、草莓、柠檬、猕猴桃、豌豆、瓜类、葡萄柚、酸橙、西红柿。

（六）维生素 B_1（硫胺素）

1. 作用

维生素 B_1 也称硫胺素或抗神经炎维生素或抗脚气病维生素，为白色晶体。它是碳水化合物和氨基酸，尤其是支链氨基酸代谢中重要酶的必须辅助因子。维生素 B_1 有参与能量代谢、神经传导等功能，保证人体主要内脏器官的能量供给。当人体运动时的能量主要来源于糖类时，维生素 B_1 的需求量最大。当维生素 B_1 缺乏时，首先糖的氧化供能会受阻，容易堆积乳酸，影响运动能力。来自美国运动医学界的一项研究结果表明，同等运动量下，在运动后食用维生素 B_1 的人，其体内乳酸积累值比不食用维生素 B_1 的人群要低 45%。所以，维生素 B_1 被认为是可能影响运动能力的营养素。

2. 成年运动员的推荐每日摄入量

男子 1.2 毫克，女子 1.1 毫克。

3. 食物来源

维生素 B_1 存在于瘦猪肉、酵母、豆类（豌豆、蚕豆）、富含谷物的面包、粗糙的粮食、动物内脏、蘑菇、青蒜、豆瓣菜、西葫芦、羔羊肉、芦笋、生菜、辣椒、花椰菜、卷心菜、西红柿等。

（七）维生素 B_2

1. 作用

维生素 B_2 也称核黄素，是合成两种辅酶的重要物质：黄素单核苷酸（FMN）及黄素腺嘌呤二核苷酸（FAD）。这些辅酶对于氨基酸、葡萄糖、脂肪酸及甘油代谢十分重要。此外，维生素 B_2 还具备抗氧化功能，可以防止自由基袭击肌肉组织和关节。

2. 成年运动员的推荐每日摄入量

男子 1.3 毫克，女子 1.1 毫克。

3. 食物来源

维生素 B_2 存在于鸡蛋、瘦肉、牛奶、奶制品、西兰花、全麦面包中，其中以动物肝、肾含量最丰富。绿叶蔬菜、豆类、野菜及坚果类食品（如核桃、栗子、松子、花生、瓜子等）也含有维生素 B_2。

（八）维生素 B_3

1. 作用

维生素 B_3 也称烟酸，是两种辅酶的前体：烟酰胺腺嘌呤二核苷酸（NAD）和烟酰胺腺嘌呤二核苷酸磷酸（NADP）。这两种前体在所有细胞中都能找到，通过糖酵解、三羧酸循环、电子转移及戊糖产生能量。它与 β 脂肪酸氧化和蛋白质合成有关，超过 50 多种身体功能需要维生素 B_3。此外，与其他 B 族维生素一样，它对释放碳水化合物和脂肪中的能量、蛋白质的新陈代谢、特定激素的产生以及帮助红细胞形成都很重要。

2. 成年运动员的推荐每日摄入量

男子 16 ~ 35 毫克，女子 14 ~ 35 毫克。

3. 食物来源

蘑菇、金枪鱼、鸡肉、大马哈鱼、芦笋、卷心菜、羔羊肉、鲭鱼、火鸡肉、西红柿、小胡瓜、西葫芦、花椰菜等。谷物及小麦的胚芽中维生素 B_3 含量最为丰富。

（九）维生素 B_5

1. 作用

维生素 B_5 也称泛酸，在所有活的细胞中都可以发现以辅酶 A 形式存在的泛酸，两种关键辅酶 A 和酰基载体蛋白（ACP）的制造都需要泛酸，身体需要泛酸来把食物（脂肪、蛋白质和碳水化合物）转换为能量。此外，重要脂肪、胆固醇和类固醇激素的合成，以及神经传递素乙酰胆碱和褪黑激素的合成都需要辅酶 A。所以，它对生理反应至关重要。

2. 成年运动员的推荐每日摄入量

5 毫克。

3. 食物来源

富含泛酸的有肉类（尤其是动物肝脏和心脏）、酵母、小麦、麸皮、蘑菇、坚果、花椰菜、牛油果、全麦谷物、豆类（黄豆、豌豆、小扁豆）、豆瓣菜、椰菜、西红柿、卷心菜、芹菜、草莓、蛋类、红薯、鳄梨等。

（十）维生素 B_6

1. 作用

维生素 B_6 与人体的 80 多种生化反应相关，人体内许多代谢由它指挥完成，运动时维生素 B_6 在代谢通路中起到了重要作用。维生素 B_6 帮助蛋白质的代谢和血红蛋白的形成，更重要的是促进血红细胞的生成，帮助人体适量吸收蛋白质。肌肉在运动和代谢过程中需要氧气，血红细胞便是载氧的运输工具，血液中的红细胞含量越多，载氧能力就越强，肌肉的供氧来源就越充足，从而减轻心脏负担。

维生素 B_6 还促进锌和镁的吸收，而且是合成神经传递素、组织胺（组织损伤或过敏时释放）和血红蛋白过程中所必需的。此外，维生素 B_6 是糖原合成和糖原分解过程中起作用的糖原磷酸化酶的一种成分，能促进运动时糖异生作用，防止运动性低血糖的发生。

2. 成年运动员的推荐每日摄入量

1.3 ～ 100 毫克。

3. 食物来源

维生素 B_6 大多存在于肉类（尤其是鸡肉和金枪鱼）中，植物性食物如豆类、谷类和黑米也含有维生素 B_6。辣椒、豆瓣菜、香蕉、花椰菜、小扁豆、卷心菜、蛋类、西葫芦、芦笋、洋葱以及植物种子和坚果等都含有维生素 B_6。此外，米糠、麦芽中维生素 B_6 含量最为丰富。

（十一）维生素 B_{12}

1. 作用

维生素 B_{12} 是已知的 B 族维生素中最复杂的一种，参与红细胞生成，帮助维持红细胞健康，维持神经系统的正常功能。所有细胞的生长和正常分离都需要维生素 B_{12}，包括健康免疫系统需要的白细胞。此外，维生素 B_{12} 还可以帮助把食物中的碳水化合物、脂肪和蛋白质转为细胞能量。

2. 成年运动员的推荐每日摄入量

2.4 毫克。

3. 食物来源

维生素 B_{12} 只存在于动物性食品中（奶制品、肉类、蛋类、鱼肉），包括牡蛎、沙丁鱼、金枪鱼、羔羊肉、小虾、白软干酪、牛奶、火鸡肉、鸡肉、干酪。贝类、鳍鱼类和内脏的维生素 B_{12} 含量最高。

（十二）叶酸

1. 作用

叶酸是生成所有新细胞所需要的维生素，并帮助合成新生细胞所需要的 DNA，所以，对孕期妇女尤为重要。叶酸和运动直接相关的重要功能是参与红细胞的形成，协助蛋白质的分解和利用。叶酸不足将导致巨幼细胞贫血，巨幼细胞贫血将导致红细胞前体（巨幼红细胞）无法向功能型红细胞转变，这类贫血将导致血液不能有效运输氧气或二氧化碳。

2. 成年运动员的推荐每日摄入量

400 ~ 1000 微克。

3. 食物来源

绿叶蔬菜、坚果、豆类（如花生、豇豆、菜豆、花豆、四季豆）和肝脏。

六、水

水是维持生命活动的必须营养物质，是正常机体含量最多的组成成分，对于身体健康和肌肉增长来说至关重要。肌肉中含有越多的水分，就会越好地发挥肌肉的功能。健身健美运动员在日常的饮食中摄入了大量的蛋白质，需要大量的水作为营养物质的代谢溶剂。然而，大部分健身健美运动员的饮水量并没有达到他们身体中所需的量，在一定程度上阻碍了肌肉的最佳合成代谢环境。

（一）水的作用

◎ 水是体内组织（如蛋白质、糖原）的结构组成部分。

◎ 水是调节体温的良好介质。如果机体不能正常地通过发汗降低体温，将会产生严重的代谢问题。

◎ 水促进代谢，维持组织形态，提供细胞生存和代谢的环境，是许多化合物（如营养物质、药物、激素和肽类物质）运输到细胞的媒介。

◎ 水参与体内的水解、合成、脱水和氧化等化学反应，尤其是参与能量产生的代谢反应。

◎ 水是机体组织和细胞的润滑剂，润滑关节，减少内脏器官摩擦。

（二）健身健美练习者水的摄入量建议

当出汗导致水和电解质大量流失，出现脱水时，会降低机体体温的调节能力，肌肉力量和耐力会随之下降。来自芝加哥大学的研究小组发现，缺水状态会导致运动员的肌肉力量降低 15% ~ 20%，缺水导致的对体重、力量以及激素水平的消极影响，可以使体重减轻 1.5%。营养师建议，训练日最好喝够 4.5 升水，在训练中，每 15 ~ 20 分钟饮用 240 毫升水。

在健身健美训练中，蛋白质摄入较多，保证身体中有足够的水分，完成蛋白质的吸收、消化及身体的代谢是非常重要的。但是要注意的是，一定要把这些水按量均匀地分配到一天的饮水过程中，这对于高蛋白饮食的健身健美练习者来说尤其重要。需要提及的是，虽然水对于生命来说是非常重要的，但是我们也不能过分地强调这一点。在每次的主要进餐时间要保证饮用 0.5 升的水，而每天饮水总量要维持在 4.5 升以上，同时要注意不要一次饮水过多。

七、膳食纤维

膳食纤维虽然不能被人体消化吸收，但对人体具有重要的生理作用，是维持人体健康必不可少的一类营养素。由于膳食纤维在预防人体胃肠道疾病和维护胃肠道健康方面功能突出，因而有“肠道清洁夫”的美誉。

（一）膳食纤维素的作用

◎ 有较强的吸水和膨胀功能，使人产生饱腹感并抑制进食，有利于控制体重。
◎ 刺激肠道蠕动，使肠道内食物中的有害物质及时排出体外，防止便秘。
◎ 有助于预防阑尾炎和降低结肠癌的发生率。
◎ 维持消化道黏膜的健康，预防憩室疾病。
◎ 降低血液胆固醇含量，预防心血管疾病。
◎ 调节机体对葡萄糖的吸收（包括糖尿病人），其原因可能是控制碳水化合物消化吸收速度。

（二）健身健美练习者膳食纤维的摄入量推荐值及主要来源

1. 摄入量推荐值

健身健美练习者每日应进食 25 ~ 35 克膳食纤维素。

2. 主要来源

糙米、胚芽精米、玉米、小米、大麦、小麦皮（麦麸）和麦粉（黑面包的材料）等杂粮。此外，根菜类、海藻类以及水果类膳食纤维较多，如胡萝卜、四季豆、红豆、豌豆、薯类、海带、苹果等富含膳食纤维。

思考题

1. 肌肉肥大的生理学机制是什么？
2. 试述三种能量系统与健身健美训练的关系。
3. 举例说明杠杆原理在健身健美训练中的运用。
4. 增肌和减脂的饮食有哪些不同？请为增肌和减脂人员提出科学的饮食建议。

第三章　全身各部位肌肉训练动作

本章提要

- 全身各部位肌肉的解剖结构
- 全身各部位肌肉的解剖学功能
- 全身各部位肌肉训练的技术动作及动作要领

第一节　胸部训练动作

一、胸大肌和胸小肌解剖结构及功能分析

一个完美的胸部包括较大的胸腔，厚实的胸大肌，胸大肌的内侧和外侧、上部和下部都足够发达。胸部肌群主要包括两块肌肉，每一侧胸肌都是由胸大肌和胸小肌两块肌肉组成的（图3-1，图3-2）。胸大肌从外形来看，分为上部、中部和下部，为了便于训练的细分，我们将它分为四个部位，即外侧缘、上胸部、中间沟、下胸部。胸大肌起于锁骨内侧半、胸骨和第1～6肋骨前面及腹直肌鞘前壁上部，止于肱骨大结节嵴。胸小肌起自第3～5肋骨前面，止于肩胛骨喙突。胸大肌在近固定时可以使肩关节屈曲、内收及内旋；在远固定时可以拉引躯干靠近手臂。胸小肌在近固定时使肩胛骨下降、前伸和下回旋；在远固定时提肋助吸气。

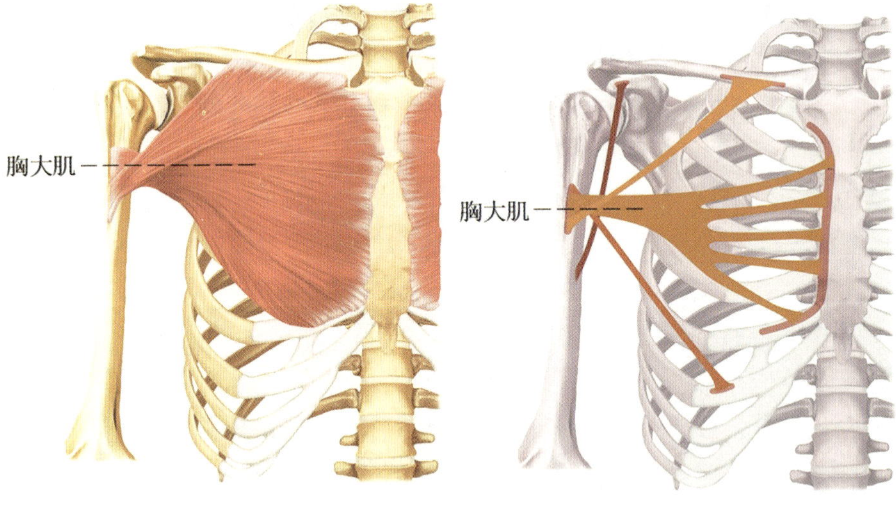

图3-1　胸大肌解剖结构

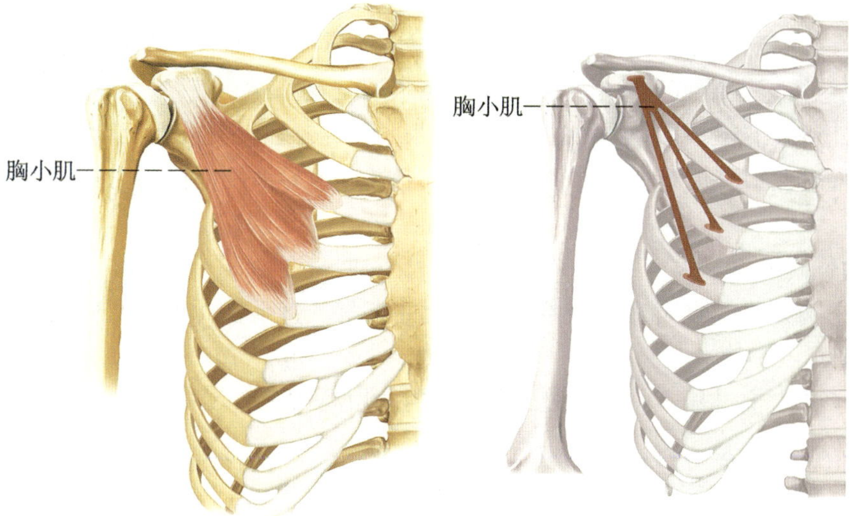

图 3-2　胸小肌解剖结构

二、胸部训练动作

（一）平卧杠铃卧推（图 3-3）

主要锻炼肌肉：胸大肌、三角肌前部、肱三头肌。

图 3-3　平卧杠铃卧推

预备姿势：

仰卧在长凳上，使头、上背和臀部触及凳面，两脚平踏在地上（高级阶段可以小腿交叉抬起）。腰腹自然收紧，两肩下沉，两手伸直握杠，握距略宽于肩，保持身体的稳定。

向下动作阶段：

◎ 吸气，固定胸腔，挺直躯干，两肩自然下沉，两臂伸直支撑杠铃于胸前，两肘向下弯曲使杠铃缓慢、流畅下降至距离胸面 2 厘米的位置。

◎ 当杠铃放下还原时，必须以胸大肌的张紧力控制住慢慢放下至胸上方，稍停。

◎ 下降时两肘外展指向身体两侧，整个下降过程要采用消极用力把重量控制住缓慢下落。

向上动作阶段：

◎ 集中胸大肌的收缩力使杠铃向上推起并离胸，直至杠铃处在两肩关节的上方，两臂垂直于地面。

◎ 为了在上推过程中胸大肌处于较好的生物力学优势，必须使胸大肌处于挺胸沉肩姿态。

◎ 在杠铃上升过程中配合用力缓慢呼气。

◎ 错误动作：以肱三头肌和三角肌的力量集中发力，减弱了胸大肌的收缩力，最后使胸大肌处于松弛状态，减弱力学优势，容易形成含胸耸肩姿势。

（二）上斜杠铃卧推（图 3–4）

主要锻炼肌肉：胸大肌上部、三角肌前束、肱三头肌。

图 3–4　上斜杠铃卧推

预备姿势：

仰卧在上斜卧推板上，头高脚低，板面与地面成 15 ~ 45 度角，使头、上背和臀部触及板面，两脚平踏在踏板上。腰腹自然收紧，两肩下沉，两手伸直握杠，握距略宽于肩，保持身体的稳定。

向下动作阶段：

◎ 吸气，固定胸腔，挺直躯干，两肩自然下沉，两臂伸直支撑杠铃于胸前，两肘向下弯曲使杠铃缓慢、流畅下降至上胸部的位置。

◎ 当杠铃放下时，必须以胸大肌的张紧力控制住慢慢放下至胸上方接近胸锁骨处停住，稍停。

◎ 下降时两肘外展指向身体两侧，整个下降过程要采用消极用力把重量控制住缓慢下落。

◎ 由于板面是倾斜的，应在下降阶段控制好重心，不要晃动。

向上动作阶段：

◎ 集中胸大肌的收缩力使杠铃竖直向上缓慢推起，直至杠铃处在两肩关节上方，两臂垂直于地面。

◎ 为了在上推过程中胸大肌处于较好的生物力学优势，必须使胸大肌处于挺胸沉肩姿态。

◎ 在杠铃上升过程中配合用力缓慢呼气，不用猛力。

（三）下斜杠铃卧推（图 3–5）

主要锻炼肌肉：胸大肌下部、三角肌前束、肱三头肌。

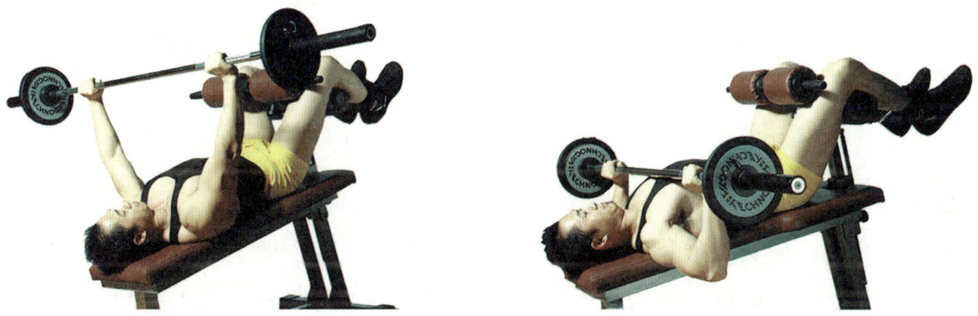

图 3–5　下斜杠铃卧推

预备姿势：

仰卧在下斜卧推板上，呈脚高头低姿势，板面与地面成 15 ~ 30 度角，使头、上背和臀部触及板面，两脚固定在挡托上。腰腹自然收紧，两肩下沉，两手伸直握杠，握距略宽于肩，收紧腰腹。

向下动作阶段：

◎ 吸气，固定胸腔，挺直躯干，两肩自然下沉，两臂伸直支撑杠铃于胸前，两肘向下弯曲使杠铃缓慢、流畅下降至胸大肌下缘处。

◎ 当杠铃放下还原时，必须以胸大肌的张紧力控制住慢慢放下至胸下缘处，稍停。

◎ 下降时两肘外展指向身体两侧，整个下降过程要均匀、缓慢用力把重量控制住下落。

向上动作阶段：

◎ 集中胸大肌的收缩力使杠铃竖直向上缓慢推起，直至杠铃处在两肩关节上方，两臂垂直于地面。

◎ 为了在上推过程中胸大肌处于较好的生物力学优势，必须使胸大肌处于挺胸沉肩姿态。

◎ 在杠铃上升过程中配合用力缓慢呼气。

（四）平卧哑铃卧推（图 3–6）

主要锻炼肌肉：胸大肌、三角肌前束、肱三头肌。

图 3–6　平卧哑铃卧推

预备姿势：

仰卧在长凳上，使头、上背和臀部触及凳面，两脚平踏在地上。腰腹自然收紧，两手握住哑铃，屈臂，掌心向前，哑铃放在肩两侧（胸外侧），两臂垂直于地面，两肩下沉至感觉胸大肌的拉伸即可，保持身体的稳定，控制好哑铃的重心。

向下动作阶段：

◎ 吸气，固定胸腔，挺直躯干，两肩自然下沉，两臂伸直支撑哑铃于胸前，两肘向下弯曲使哑铃缓慢、流畅下降至肩两侧（胸外侧），前臂垂直于地面。

◎ 下降时两肘外展指向身体两侧，整个下降过程要采用慢速把重量控制住下落。

向上动作阶段：

◎ 呼气，集中胸大肌的收缩力使两侧的哑铃往中间方向推起（推起路线形成两个小半弧），直至两臂伸直哑铃处在两肩关节的上方，垂直于地面。

◎ 在上推过程中哑铃的重心尽可能地贴近肩关节的垂线。

◎ 哑铃在上升过程中，保持稳定。

◎ 错误动作：三角肌过度前送，减弱了胸大肌的收缩力，最后使胸大肌处于松弛状态，减弱了对胸大肌的刺激效果，躯干形成含胸耸肩状态。

（五）上斜哑铃卧推（图 3–7）

主要锻炼肌肉：胸大肌上部、三角肌前束、肱三头肌。

图 3–7　上斜哑铃卧推

预备姿势：

仰卧在上斜卧推板上，头高脚低，板面与地面成 15 ~ 45 度角，使头、上背和臀部触及板面，两脚平踏在地上。腰腹自然收紧，两手握住哑铃，屈臂，掌心向前，哑铃放在肩两侧（胸外侧），两臂垂直于地面，两肩下沉至感觉胸大肌的拉伸即可，保持身体的稳定，控制好哑铃的重心。

向下动作阶段：

◎ 吸气，固定胸腔，挺直躯干，两肩自然下沉，两臂伸直支撑哑铃于胸前，两肘向下弯曲使哑铃缓慢、流畅下降至肩两侧（胸外侧），前臂垂直于地面。

◎ 下降时两肘外展指向身体两侧，整个下降过程要采用消极用力把重量控制住缓慢下落。

◎ 由于板面是倾斜的，两肩应在下放阶段控制好重心，不要晃动。

向上动作阶段：

◎ 呼气，集中胸大肌的收缩力使两侧的哑铃往中间方向推起（推起路线形成两个小半弧），直至两臂伸直哑铃处在两肩关节的上方。

◎ 在上推过程中哑铃的重心尽可能地贴近肩关节的垂线。

（六）下斜哑铃卧推（图 3–8）

主要锻炼肌肉：胸大肌下缘、肱三头肌、三角肌前束。

图 3–8　下斜哑铃卧推

预备姿势：

仰卧在下斜卧推板上，脚高头低，板面与地面成 15 ~ 30 度角，使头、上背和臀部触及板面，两脚紧贴挡板。腰腹自然收紧，两手握住哑铃，屈臂，掌心向前，哑铃放在肩两侧（胸外侧），两臂垂直于地面，两肩下沉至感觉胸大肌的拉伸即可，保持身体的稳定，控制好哑铃的重心。

向下动作阶段：

◎ 吸气，固定胸腔，挺直躯干，两肩自然下沉，两臂伸直支撑哑铃于胸前，两肘向下弯曲使哑铃缓慢、流畅下降至下胸部。

◎ 下降时两肘外展指向身体两侧，整个下降过程要采用消极用力把重量控制住缓慢下落，前臂垂直于地面。

◎ 由于板面是倾斜的，双肩应在下放阶段控制好重心，不要晃动。

向上动作阶段：

◎ 呼气，集中胸大肌的收缩力使两侧的哑铃往中间方向推起（推起路线形成两个小半弧），直至两臂伸直哑铃处在两肩关节的上方。

◎ 在上推过程中哑铃的重心尽可能地贴近肩关节的垂线。

（七）平卧哑铃飞鸟（图 3–9）

主要锻炼肌肉：胸大肌、三角肌前束。

预备姿势：

仰卧在长凳上，使头、上背和臀部触及凳面，两脚平踏在地上。腰腹自然收紧，双肩下沉，两手伸直握住哑铃，掌心相对，与肩同宽，两臂自然伸直支撑哑铃至胸部上方，保持身体的稳定，控制好哑铃的重心。

向下动作阶段：

◎ 吸气，两手持哑铃，掌心相对，以胸大肌的力量控制哑铃向身体两侧慢慢张开，哑铃落至最低位应感到胸部肌肉有充分的牵拉感，上臂略低于肩的水平面。

◎ 为防止肌肉拉伤，应在胸大肌的力量控制下缓慢下降。

◎ 避免手肘有推举动作，下放时上臂与手肘的角度不能小于直角。

图 3-9　平卧哑铃飞鸟

向上动作阶段：

◎ 呼气，集中胸大肌的收缩力使身体两侧的哑铃向中间靠近，直至两臂自然伸直、手肘微屈，哑铃处在两肩关节的上方，垂直于地面。

◎ 在收缩过程中要利用胸大肌的力量，肘的夹角不能随意变换。

（八）上斜哑铃飞鸟（图 3-10）

主要锻炼肌肉：胸大肌上部、三角肌前束。

图 3-10　上斜哑铃飞鸟

预备姿势：

仰卧在上斜卧推板上，头高脚低，板面与地面成 15 ~ 45 度角，使头、上背和臀部触及板面，两脚平踏在地上。腰腹自然收紧，双肩下沉，两臂伸直支撑握住哑铃，与肩同宽，掌心相对，保持身体的稳定，控制好哑铃的重心。

向下动作阶段：

◎ 吸气，两手持哑铃，掌心相对，以胸大肌的力量控制哑铃向身体两侧慢慢张开，哑铃落至最低位应感到胸部两侧肌肉有充分的牵拉感。

◎ 为防止肌肉拉伤，应在胸大肌的力量控制下缓慢下降。

◎ 避免手肘有推举动作，下放时上臂与手肘的角度不能小于直角。

向上动作阶段：

◎ 呼气，集中胸大肌的收缩力使身体两侧的哑铃向中间方向靠近，直至两臂自然伸直，哑铃处在两肩关节的上方，垂直于地面。

◎ 中、上臂与手肘的夹角不能随意变换。

◎ 哑铃在上升过程中，重心比较难控制，重量不宜过大。

（九）下斜哑铃飞鸟（图 3–11）

主要锻炼肌肉：胸大肌下部、三角肌前束。

图 3–11　下斜哑铃飞鸟

预备姿势：

仰卧在下斜卧推板上，脚高头低，板面与地面成 15 ~ 30 度角，使头、上背和臀部触及板面，小腿固定在挡板上。腰腹自然收紧，双肩下沉，两臂自然伸直支撑哑铃至胸部上方，与肩同宽，掌心相对，保持身体的稳定，控制好哑铃的重心。

向下动作阶段：

◎ 吸气，两手持哑铃，掌心相对，以胸大肌的力量控制哑铃向身体两侧慢慢张开，哑铃落至最低位应感到胸部两侧肌肉有充分的牵拉感，上臂略低于肩的水平面。

◎ 为防止肌肉拉伤，利用胸大肌的力量控制哑铃缓慢下降。

◎ 避免手肘有推举动作，下放时上臂与手肘的角度不能小于直角。

向上动作阶段：

◎ 呼气，集中胸大肌的收缩力使身体两侧的哑铃往中间方向靠近，直至两臂自然伸直，哑铃处在两肩关节的上方，垂直于地面。

◎ 中、上臂与手肘的夹角不能随意变换。

◎ 哑铃在上升过程中，重心比较难控制，故哑铃的重量不宜过大。

（十）仰卧屈臂上拉（图 3–12）

主要锻炼肌肉：胸大肌、背阔肌。

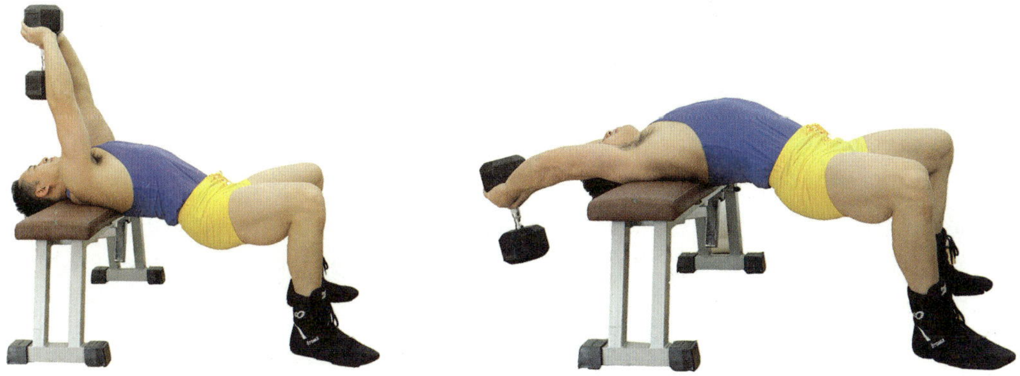

图 3–12　仰卧屈臂上拉

预备姿势：

上背部仰卧躺在凳面上，使颈部以上部位探出凳外，只有上背触及凳面，松腰、臀下沉，两脚平踏在地上。两手互握（四指在前、拇指在后），掌心向上托住哑铃一端，支撑哑铃于胸大肌正上方。保持身体的稳定，控制好哑铃的重心。

向下动作阶段：

◎ 吸气，集中注意力在胸大肌上，缓慢地把哑铃向头顶后方放下，直至最大幅度。

◎ 下放过程中要缓慢、有控制。

向上动作阶段：

◎ 呼气，以胸大肌为主动肌收缩将哑铃从头顶后方缓慢向上拉起至哑铃处于胸大肌的正上方处停止。

◎ 注意在整个过程中保持两臂微屈，臀部和腰部不能起桥。

（十一）坐姿器械推胸（图 3–13）

主要锻炼肌肉：胸大肌、三角肌前束、肱三头肌。

图 3–13　坐姿器械推胸

预备姿势：

调整坐高和重量后，坐在器械推胸的凳上，使整个背部紧贴于靠背，两脚平踏在地上。腰腹自然收紧，两手握住位于体侧的把手，拳眼相对，抬头挺胸，目视前方。

向后动作阶段：

◎ 吸气，以胸大肌的控制力使双臂水平向后缓慢伸至最大幅度。

◎ 向后过程中，胸大肌不能放松，肘部尽量水平外展。

向前动作阶段：

◎ 呼气，挺胸沉肩，集中胸大肌的收缩力使两臂向中间靠拢，直至两臂自然伸直。

◎ 向前推的过程要缓慢，不使用爆发力。

（十二）坐姿蝴蝶夹胸（图 3–14）

主要锻炼肌肉：胸大肌、三角肌前束。

图 3–14　坐姿蝴蝶夹胸

预备姿势：

调整坐高和重量后，坐在蝴蝶夹胸器的凳上，使整个背部紧贴靠背，两脚放在踏板上。张开双臂，把前臂放在挡垫上并向后展开（上臂与前臂形成约 90 度的夹角），手握把手，抬头挺胸，目视前方。

向后动作阶段：

◎ 以胸大肌的力量控制住重量向两侧展开器械，至上臂（上臂与前臂形成约 90 度的夹角不动）展开至最大幅度时停住。

◎ 整个过程中胸大肌始终处于紧张状态。

向前动作阶段：

◎ 身体保持不动，集中胸大肌的收缩力带动手臂向胸部中间靠拢，直至最大收缩幅度，稍停。

◎ 整个收缩过程不能含胸。

（十三）站姿拉力器夹胸（图 3–15）

主要锻炼肌肉：胸大肌、三角肌前束。

图 3–15　站姿拉力器夹胸

预备姿势：

双脚成弓步站立，身体稍向前倾斜，重心在前脚掌。拉力器的绳索置于高处，两手握住把手，张开双臂，手肘稍弯。

向后动作阶段：

◎ 手肘始终保持稍弯不动，两手向两侧展开至最大拉伸幅度，稍停。

◎ 手肘弯曲角度不要过大，保持肘关节与绳索在一个平面内。

向前动作阶段：

◎ 保持双臂微屈，集中胸大肌的收缩力，从身体两侧拉引把手至中间靠拢，同时使胸大肌处于顶峰收缩位，稍停。

◎ 要使胸大肌内侧得到最大限度的刺激，可以使两手柄在胸前呈交叉状。

◎ 向中间拉引绳索时，上体不能前倾下压。

（十四）俯卧撑（图 3–16）

主要锻炼肌肉：胸大肌、三角肌前束、肱三头肌。

图 3–16　俯卧撑

预备姿势：

两手支撑在地面上，两手间距略宽于肩，两臂完全伸直并垂直于地面，双腿并拢，脚尖触地支撑，挺胸抬头，收腹，背、腰、臀在一个平面，目视前方。全身稍紧张，保持身体稳定。

向下动作阶段：

◎ 吸气，固定胸腔，挺直躯干，屈肘下降时两肘外展指向身体两侧，稍停顿，使胸大肌有充分的拉伸感。

◎ 整个下降过程要采用消极用力控制，缓慢下落。

向上动作阶段：

◎ 呼气，集中胸大肌的收缩力向上推起身体离开地面，直至两臂完全伸直并垂直于地面。

◎ 在上推过程中必须使胸大肌处于挺胸沉肩姿态。

（十五）双杠臂屈伸（图 3–17）

主要锻炼肌肉：胸大肌下部、三角肌前束、肱三头肌。

预备姿势：

两手握杠端，直臂支撑，身体稍向前探出，收腹直腰，目视前方，双脚可交叉叠加在一起。高级训练者可在双脚处加沙袋或重物。

向下动作阶段：

◎ 吸气，屈臂，使身体平稳、缓慢地向前下方下降，直至胸大肌处于最大拉伸位。

◎ 错误动作：下降时速度过快，没有控制。

向上动作阶段：

◎ 呼气，集中胸大肌的力量使身体缓慢向后、向上移动。

◎ 在身体上行阶段，身体重心不能向前。

图 3–17　双杠臂屈伸

第二节　背部训练动作

一、背阔肌和斜方肌解剖结构及功能分析

（一）背阔肌

背阔肌是位于胸背区下部和腰区浅层宽大的扁肌，背阔肌呈扇形，是宽阔平坦的三角形肌肉（图 3–18）。它的起点范围较广，起于第 7 ~ 12 胸椎和全部腰椎棘突、骶正中嵴、髂嵴后部及第 10 ~ 12 肋骨外侧面，其肌纤维附着于脊柱，绕行于肋骨骨架和上肢之间，止于肱骨前面的小结节间沟，其上部肌纤维在达肱骨以前先走行并附着于肩胛下角。背阔肌是多关节肌肉，近固定时，向心收缩使肩关节内收、伸、旋内；远固定时，拉引躯干向上，并协助呼气。

（二）斜方肌

斜方肌是位于项区和胸背区上部的扁肌（图 3–19）。它起于枕外隆凸、项韧带及全部胸椎棘突，止于锁骨外 1/3、肩峰及肩胛冈。近固定时，上部肌纤维收缩使肩胛骨上提、上回旋和后缩；下部肌纤维收缩使肩胛骨下降、上回旋和后缩；中部肌纤维收缩使肩胛骨后缩。远固定时，一侧肌纤维收缩使头向同侧屈并向对侧回旋；两侧肌纤维上部同时收缩，使头后仰（伸）；一侧整块肌肉收缩使脊柱向对侧回旋；两侧整块肌肉收缩使脊柱伸。

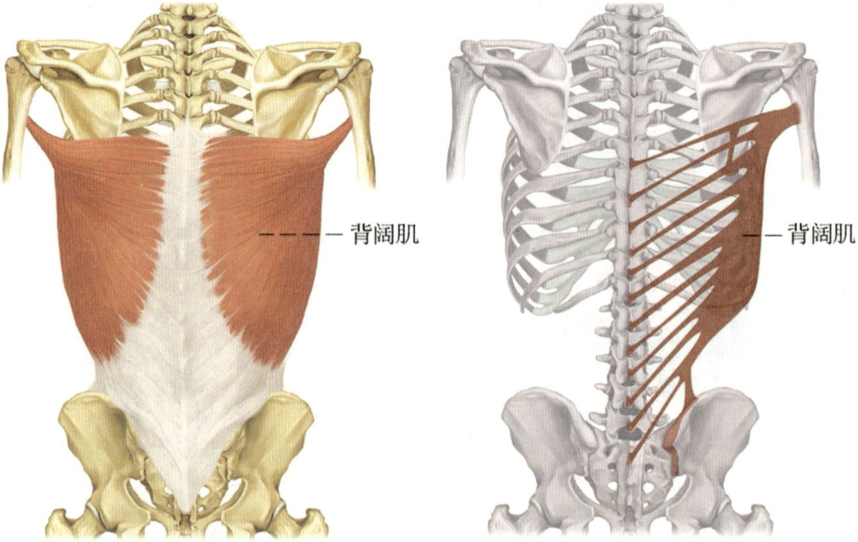

图 3–18　背阔肌解剖结构

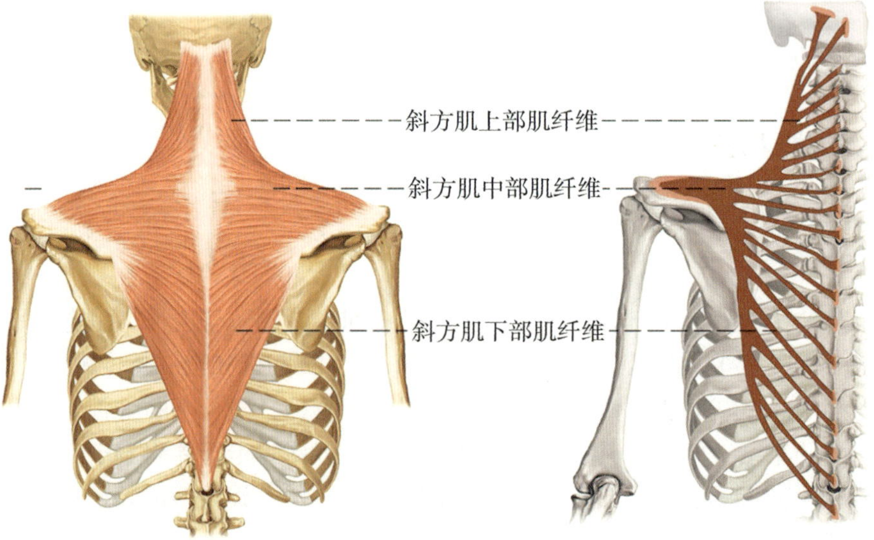

图 3–19　斜方肌解剖结构

二、背部训练动作

（一）俯立杠铃划船（图 3–20）

主要锻炼肌肉：背阔肌、大圆肌、小圆肌、冈下肌、斜方肌、三角肌后束、肱肌。

图 3–20　俯立杠铃划船

预备姿势：

自然站立，两脚与肩同宽，两腿微屈，挺胸收腹直背，身体向前弯曲至与地面平行。两手心向下握住杠铃，握距略宽于肩，两臂自然伸直。

向上动作阶段：

◎ 集中背部肌肉的收缩力量使上臂向后，肘部向背部中间靠近，并把杠铃拉至下腹，背阔肌达到最大收缩，稍停。

◎ 在向上动作阶段中，身体不能随着杠铃的后移而向上抬起，肘部必须向背部中间靠拢。

向下动作阶段：

◎ 以背阔肌的张力控制慢慢下落，两臂自然伸直。

◎ 下落时，背部肌肉要充分伸展。

（二）单臂哑铃划船（图 3–21）

主要锻炼肌肉：背阔肌、大圆肌、小圆肌、冈下肌、斜方肌、三角肌后束、肱肌、肱桡肌。

预备姿势：

单手握住哑铃，拳眼向前，手臂自然下垂在身体的一侧，另一只手扶在凳子上，同侧腿跪在凳面上，挺胸抬头目视前方，使整个上背肌群处于充分的伸展状态。

图 3-21　单臂哑铃划船

向上动作阶段：

◎ 集中背部肌群收缩的力量屈肘带动哑铃贴紧身体一侧提拉，肘部向内夹紧，至上臂平行地面，使上背肌群达到最大收缩位。

◎ 错误动作：身体转动而不是背部肌群用力。

向下动作阶段：

◎ 腰腹收紧，在背部肌群力量的控制下将哑铃缓慢沿着体侧下放，直至手臂自然下垂在身体的一侧，整个上背肌群处于充分的伸展状态。

◎ 下降过程不能转动身体。

（三）坐姿拉力器划船（图 3-22）

主要锻炼肌肉：背阔肌、大圆肌、小圆肌、冈下肌、三角肌后束、肱肌。

预备姿势：

坐在凳上或地上，两脚踩在踏板上，膝关节略屈，身体略向前倾，两臂伸直握拉力器横杠。背部微微向前拱起，略含胸，使背部肌群得到最大程度的伸展。

图 3-22　坐姿拉力器划船

向后动作阶段：

◎ 集中背部肌群的收缩力带动上臂向后移动并贴紧腹部，胸部挺出，使肩胛骨收缩靠紧脊柱，整个背部充分收缩后，稍停。

◎ 练习时上体不能摆动，更不能利用竖脊肌的力量完成动作。

向前动作阶段：

◎ 以背部肌群的力量控制住拉力器，两肩同时向前伸展，带动上臂缓慢平行前移，使背部肌群得到最大程度的伸展。

◎ 向前动作阶段要充分伸展背部肌群。

（四）坐姿器械下拉（图 3–23）

主要锻炼肌肉：背阔肌、大圆肌、小圆肌、冈下肌、三角肌后束、肱肌。

图 3–23　坐姿器械下拉

预备姿势：

坐在练习凳上，双脚踏于地面，身体略微后倾，两臂充分伸直握住横杠把手，腰背挺直，目视前方。

向下动作阶段：

◎ 呼气，利用背阔肌的力量将横杠沿着头部上方直线下拉至上胸部，同时头略向后仰，使两侧肩胛骨向中间靠拢，整个背部充分收缩。

◎ 过度的后仰会影响背阔肌的刺激效果。

向上动作阶段：

◎ 吸气，在背部肌群力量的控制下双臂缓慢向上，直至两臂充分伸直，充分伸展背阔肌。

◎ 动作要均匀、缓慢。

（五）站姿直臂下压（图 3–24）

主要锻炼肌肉：背阔肌、大圆肌、胸大肌。

图 3–24　站姿直臂下压

预备姿势：

自然站立，两脚与肩同宽，上体略前倾，腰腹部要收紧，身体保持稳定。

两手握持横杠，两手间距采用中握距，双臂微屈，位于胸前上方，以背部肌群的紧张力控制住横杠。

向下动作阶段：

◎ 利用背阔肌的力量拉引横杠从胸前向下、向后至大腿前面，使背部肌群处于最大收缩位，用力挤压背部肌群，稍停。

◎ 上体保持不动，肘关节不能有屈伸动作。

向上动作阶段：

◎ 缓慢、流畅、有控制地伸展背阔肌，使横杠还原至开始位置。

◎ 腰腹收紧，身体稳定，保持肘关节锁定状态，还原时不能放松。

（六）引体向上（图 3–25）

主要锻炼肌肉：背阔肌、大圆肌、小圆肌、冈下肌、三角肌后束、肱肌。

图 3–25　引体向上

预备姿势：

两手握住横杠使身体悬垂在单杠上，两手间的握距宽于肩，两腿自然弯曲或双脚交叉在一起。

向上动作阶段：

◎ 呼气，主要集中背部肌群的收缩力，双臂做屈臂动作拉引身体向上至横杆触及胸部，稍停。

◎ 要求身体不要前后摆动助力向上。

向下动作阶段：

◎ 在背部肌群的控制下，身体缓慢向下，双臂伸直，充分伸展背阔肌。

◎ 下落阶段要缓慢、有控制。

（七）站姿杠铃耸肩（图 3–26）

主要锻炼肌肉：斜方肌上部。

图 3–26　站姿杠铃耸肩

预备姿势：

自然站立，两手握杠铃间距略宽于肩。腰腹收紧，身体保持稳定。

向上动作阶段：

◎ 以斜方肌的收缩力缓慢、平稳带动肩部垂直向上耸起至最大幅度，稍停。

◎ 整个过程手臂伸直，身体不能摆动。

向下动作阶段：

◎ 以斜方肌的张力缓慢地下沉双肩，使斜方肌得到完全的伸展。

◎ 下落时，速度要缓慢，有控制地下落。

（八）俯立杠铃耸肩（图 3–27）

主要锻炼肌肉：斜方肌中部。

图 3–27　俯立杠铃耸肩

预备姿势：

自然站立，两脚与肩同宽，两腿微屈，挺胸收腹直背，身体向前弯曲与地面平行。两手正握杠铃于体前，双肩下沉，手臂自然下垂。

向上动作阶段：

◎ 集中斜方肌的收缩力缓慢、平稳带动肩关节垂直向上耸起，直到最大收缩幅度，稍停。

◎ 向上耸肩时上体保持不动。

向下动作阶段：

◎ 以斜方肌的张力缓慢地带动双肩向下放杠铃，使斜方肌中部得到完全的伸展。

◎ 下落过程要缓慢，有控制。

（九）站姿哑铃耸肩（图 3–28）

主要锻炼肌肉：斜方肌上部。

图 3–28　站姿哑铃耸肩

预备姿势：

自然站立，两手握哑铃，两臂垂于体侧，挺胸抬头，腰腹收紧，目视前方。

向上动作阶段：

◎ 以斜方肌的收缩力缓慢、平稳带动肩关节垂直向上耸起，直至斜方肌最大收缩位，稍停。

◎ 向上动作阶段尽量不用猛力，不用惯性。

向下动作阶段：

◎ 以斜方肌的张力缓慢下沉双肩，使斜方肌得到完全的伸展。

◎ 下落时要均匀、缓慢、有控制。

第三节　肩部训练动作

一、三角肌解剖结构及功能分析

三角肌是单一的一块扇形肌肉，而非三块独立的肌肉。三角肌位于肩部皮下，围绕肩关节周围，呈三角形，分前、中、后三束。三角肌起自锁骨外侧段、肩峰和肩胛冈，肌束从前、后、外三面包绕肩关节，止于肱骨外侧面的三角肌粗隆（图 3–29）。三角肌在近固定时，前部肌纤维使上臂屈、水平屈、旋内；后部肌纤维使上臂伸、水平伸、旋外；中部肌纤维或整块肌肉使上臂外展。

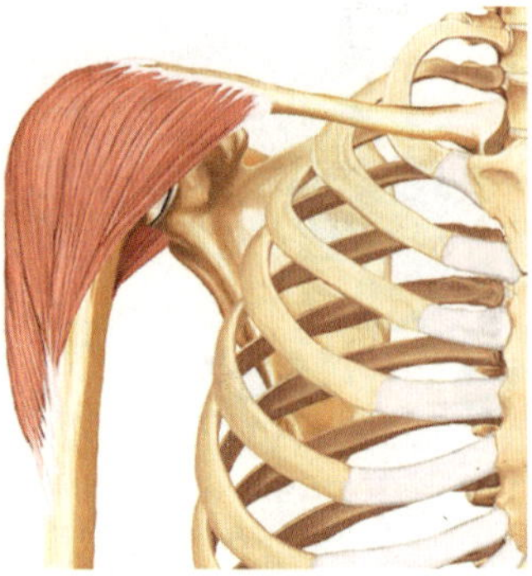

前面观

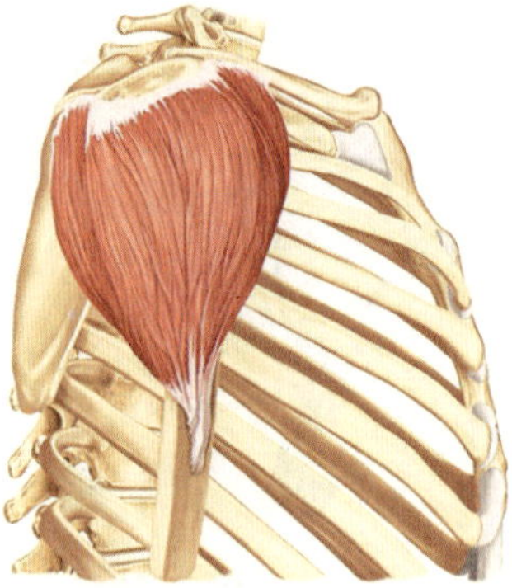

侧面观

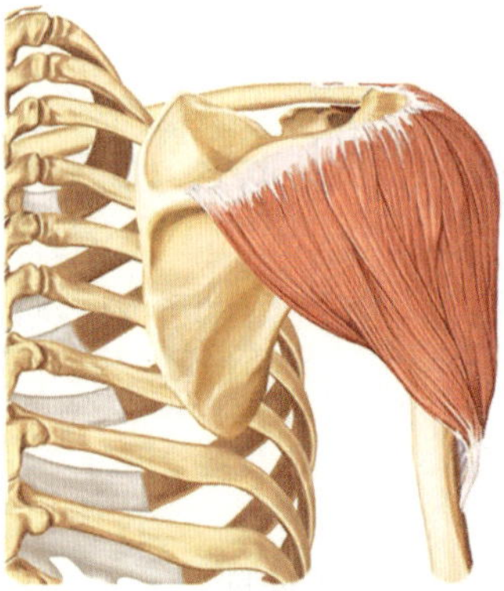

后面观

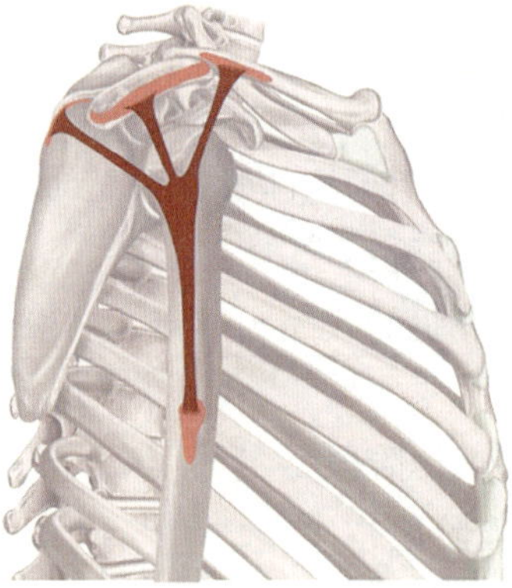

图 3–29　三角肌解剖结构

二、肩部训练动作

（一）坐姿杠铃颈前推举

主要锻炼肌肉：三角肌、上胸部、肱三头肌。

预备姿势：

坐于长凳上，挺胸直腰，收紧腰腹部，保持身体稳定。两手握住杠铃，握距略宽于肩，将杠铃提起置于上胸部，前臂垂直于地面。

向上动作阶段：

◎ 保持身体不动，将杠铃向上推起至两臂伸直，稍停。

◎ 上推阶段不要使用猛力、爆发力。

向下动作阶段：

◎ 用三角肌的控制力将杠铃缓慢、流畅下放至上胸部，稍停。

◎ 下放时要控制杠铃的速度，下放至最低点时三角肌要保持张力，前臂垂直于地面。

图 3–30　坐姿杠铃颈前推举

（二）直立划船（图 3–31）

主要锻炼肌肉：三角肌、肱肌、肱桡肌、肱二头肌、斜方肌。

图 3–31　直立划船

预备姿势：

自然站立，两脚与肩同宽，腰腹收紧，两手采用窄握距握住杠铃置于体前。错误姿势：腰腹没有收紧，身体不稳定。

向上动作阶段：

◎ 动作开始时，以三角肌的收缩力缓慢、平稳带动杠铃垂直向上，直至超过肩部，上拉时肘关节始终高于杠铃。

◎ 整个动作都要利用三角肌的力量完成，身体不能前后摆动。

向下动作阶段：

◎ 以三角肌的张力缓慢控制杠铃沿身体前侧下落，还原至开始位置。

◎ 下放时速度要均匀、缓慢、有控制。

（三）站姿杠铃前平举（图 3–32）

主要锻炼肌肉：三角肌前束和中束、胸大肌上部、肱二头肌。

图 3–32　站姿杠铃前平举

预备姿势：

自然站立，两脚与肩同宽，腰腹收紧，两手采用中握距握住杠铃置于体前。

向上动作阶段：

◎ 动作开始时，两肘微屈，两手向前上方举起杠铃至双耳高度，稍停。

◎ 腰腹收紧，身体不能前后摆动。

向下动作阶段：

◎ 下放时，以三角肌的力量控制杠铃缓慢下落至开始位置。

◎ 下放时速度要均匀、缓慢、有控制。

（四）坐姿哑铃推举（图 3–33）

主要锻炼肌肉：三角肌、胸大肌上部、肱三头肌。

预备姿势：

坐在长凳上，两脚分开踏在地面上，目视前方，抬头挺胸，直腰挺背。将哑铃分别放在双肩两侧，前臂垂直于地面，掌心向前。

向上动作阶段：

◎ 上体保持不动，集中三角肌的收缩力，由两肩外侧向上方分别推起哑铃，推起路线形成两个半弧，直至两臂接近伸直，哑铃处在头顶上方为止，稍停。

◎ 为了更好地集中三角肌的收缩力，必须以肩关节为支点由两肩外侧向中间上方推哑铃，形成两个半弧。

图 3–33　坐姿哑铃推举

◎ 如果在肘关节伸直前就停下来，开始下放哑铃，则练习效果会大大加强。

向下动作阶段：

◎ 均匀、缓慢控制住哑铃经肩部两侧下落，还原至开始位置。

◎ 错误动作：在推举过程中两侧哑铃竖直向上推；晃动身体借力；两只手用力不均衡。

（五）站姿哑铃侧平举（图 3–34）

主要锻炼肌肉：三角肌中束、前束、后束。

图 3–34　站姿哑铃侧平举

预备姿势：

自然站立，两脚与肩同宽，身体略微前倾，两手握住哑铃置于身体两侧。为防止身体晃动而借力，可采用坐姿。

向上动作阶段：

◎ 动作开始时，两手同时缓慢向身体两侧画半弧，直至哑铃略超过肩部，稍停。

◎ 要始终保持三角肌持续紧张，肘关节不能有屈伸动作。

向下动作阶段：

◎ 持哑铃放下时，以三角肌的力量控制哑铃慢慢下落，直至手臂与体侧成 10 ~ 15 度的夹角停住。

◎ 错误动作：在做动作时耸肩，通过摆动身体借力完成动作。

（六）站姿哑铃前平举（图 3–35）

主要锻炼肌肉： 三角肌前束。

图 3–35　站姿哑铃前平举

预备姿势：

自然站立，两脚与肩同宽，身体略微前倾，两手持哑铃置于大腿前侧。

向上动作阶段：

◎ 动作开始时，两手缓慢将哑铃向前上举，直至哑铃略超过肩部，稍停。

◎ 要始终保持三角肌持续紧张，肘关节略弯曲但不能有屈伸动作。

向下动作阶段：

◎ 持哑铃放下时，以三角肌的力量控制哑铃缓慢下落，还原至开始位置。

◎ 下落时要有控制，选择能控制的重量。

（七）俯立哑铃侧平举（图 3–36）

主要锻炼肌肉： 三角肌后束、斜方肌。

预备姿势：

自然站立，两脚与肩同宽，两腿微屈，身体向前弯曲至与地面平行。两手掌心相对握住哑铃，两臂自然下垂，肘关节微屈，肩、肘、腕在一个平面内。

图 3–36 俯立哑铃侧平举

向上动作阶段：

◎ 保持双臂微屈，将哑铃从两侧向上慢慢平举至两肘与肩同高的位置，使三角肌处于最大收缩位，稍停。

◎ 不可猛抬、猛拉，上臂不能做内收动作。

向下动作阶段：

◎ 以三角肌后束的紧张力缓慢、流畅下放哑铃至肩下方位置，稍停。

◎ 下放过程双臂微屈，上臂与前臂的夹角保持不变。

（八）侧卧哑铃侧平举（图 3–37）

主要锻炼肌肉：三角肌中束。

图 3–37 侧卧哑铃侧平举

预备姿势：

身体侧卧在斜板上，以一只手屈臂支撑固定身体，另一只手持哑铃放于大腿外侧，直腰挺背，目视前方。由于身体侧面接触面较小，稳定性差，保持身体稳定非常重要。

向上动作阶段：

◎ 动作开始时，集中三角肌的收缩力带动哑铃缓慢向体侧画半圆，至上臂与地面垂直，稍停。

◎ 要保持三角肌持续紧张，哑铃举到上臂与地面垂直即可，肘关节不能有屈伸动作。

向下动作阶段：

◎ 吸气，持哑铃下放时，以三角肌的力量控制哑铃慢慢放至身体一侧的大腿上方 5 ～ 10 厘米位置，稍停。

◎ 哑铃下放位置可以在身体前面、身体侧面、身体后面，这样刺激重点略有改变。

（九）坐姿史密斯推举（图 3–38）

主要锻炼肌肉：三角肌、肱三头肌。

图 3–38　坐姿史密斯推举

预备姿势：

史密斯架内放置长凳，端坐于杠铃的下方位置，收紧腰腹，挺胸直腰。两手比肩略宽握杠，将杠铃放于上胸部，前臂垂直于地面。

向上动作阶段：

◎ 保持身体不动，把杠铃向上推起至两臂伸直或微屈状态，稍停。

◎ 上推阶段不使用猛力、爆发力。

向下动作阶段：

◎ 用三角肌的控制力缓慢、流畅地将下放至上胸部，稍停。

◎ 杠铃下放至最低点时三角肌要保持张力及最大的拉伸。

（十）坐姿器械推举（图 3–39）

主要锻炼肌肉：三角肌、肱三头肌、斜方肌。

图 3–39 坐姿器械推举

预备姿势：

坐在器械凳上，两脚踏在地面上，抬头挺胸，直腰挺背，目视前方。两手握住器械手柄，前臂垂直于地面。

向上动作阶段：

◎ 动作开始时，以三角肌的收缩力沿着器械轨道向上推起，直至双臂伸直。

◎ 错误动作：在上推过程中腰腹没有收紧、耸肩借力、两只手用力不均衡。

向下动作阶段：

◎ 以三角肌的控制力缓慢下落至开始位置。

◎ 错误动作：下落速度过快，动作没有控制。

（十一）站姿拉力器侧平举（单臂）（图 3–40）

主要锻炼肌肉：三角肌中束。

预备姿势：

以左臂为例。调整拉力器至最低点，自然站立，两脚与肩同宽，身体侧对低滑轮，左手握住拉力器把手置于身体左侧，目视前方。为保持身体稳定，可采用右手扶器械。

向上动作阶段：

◎ 身体不动，左手肘关节保持微屈不变，从体侧由下向外上方用力拉引绳索，直至手腕超过头部高度，稍停。

◎ 整个过程要保持三角肌持续紧张，不能猛拉。

图 3-40 站姿拉力器侧平举（单臂）

向下动作阶段：

◎ 持绳索下放时，以三角肌的力量控制绳索缓慢下落，直至离左侧大腿 5 厘米处停下。

◎ 错误动作：下放速度过快，身体晃动幅度太大。

（十二）站姿拉力器前平举（单臂）（图 3-41）

主要锻炼肌肉：三角肌前束。

图 3-41 站姿拉力器前平举（单臂）

预备姿势：

以左臂为例。调整拉力器至最低点，自然站立，两脚与肩同宽，身体正对低滑轮，左手握住拉力器把手置于体前，目视前方。为保持身体稳定，腰腹收紧。

向上动作阶段：

◎ 身体不动，左手肘关节保持微屈不变，从体前由下向外上方用力拉引绳索，直至手腕超过头部高度，稍停。

◎ 整个过程要保持三角肌持续紧张，不能猛拉，手臂不能有屈伸动作。

向下动作阶段：

◎ 持绳索下放时，以三角肌的力量控制绳索缓慢下落，直至离大腿前侧5厘米处停下。

◎ 错误动作：下放速度过快，身体晃动幅度太大。

（十三）俯立拉力器侧平举（单臂）（图3–42）

主要锻炼肌肉：三角肌后束。

图3–42　俯立拉力器侧平举（单臂）

预备姿势：

以右臂为例。调整拉力器至最低点，两脚平行开立，略宽于肩，上体前屈至与地面平行，手臂自然弯曲，握住绳索手柄。为保持身体稳定，腰腹收紧，左手支撑腿部。

向右动作阶段：

◎ 身体保持不动，右手肘关节保持微屈不变，右手用力拉引绳索向右侧方上举至肘部略高于肩，稍停。

◎ 整个过程要保持三角肌后束持续紧张，动作要均匀、缓慢，不能猛拉，手臂不能有屈伸动作。

向左动作阶段：

◎ 持绳索向左时，以三角肌的力量控制绳索缓慢左移，直至三角肌后束拉伸至最大幅度。

◎ 错误动作：回放速度过快，身体发生转动。

第四节　上臂训练动作

一、上臂解剖结构及功能分析

（一）肱二头肌

肱二头肌位于上臂前面，呈梭形，屈肘时，其轮廓清晰可见。该肌有长、短两头，属于双关节肌肉（图 3–43）。长头起自肩胛骨盂上结节，短头起自肩胛骨喙突，两个起点汇合成一个肌腹，止于桡骨粗隆和前臂筋膜。肱二头肌近固定可使上臂在肩关节处屈，前臂在肘关节处屈和旋外；远固定时可使上臂在肘关节处屈，即上臂向前臂靠拢。

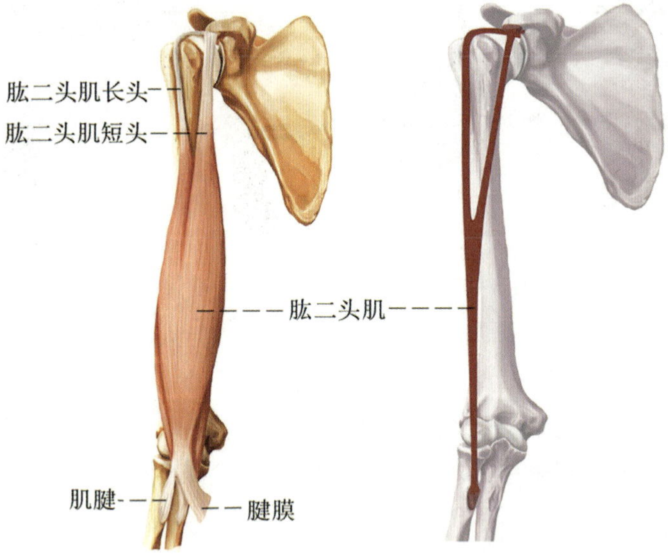

图 3–43　肱二头肌解剖结构

（二）肱肌

肱肌位于肱二头肌下半部的深层，为梭形扁肌（图 3–44），起于肱骨下半部的前面，止于尺骨粗隆。肱肌近固定时，使前臂在肘关节处屈；远固定时，使上臂在肘关节处屈。该肌功能单一，是屈肘的主要肌肉。

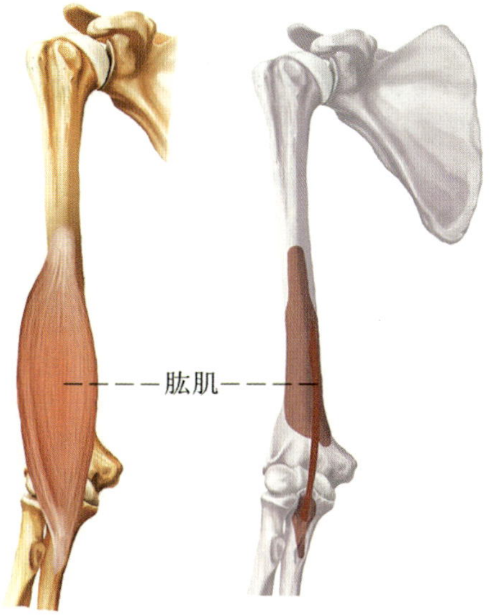

图 3-44　肱肌解剖结构

（三）喙肱肌

喙肱肌位于上臂上半部的前内侧，为一块较小的长梭形肌（图 3-45），肌束从喙突斜向下方。喙肱肌起于肩胛骨喙突，止于肱骨中部内侧；近固定时使上臂屈、内收和旋外。

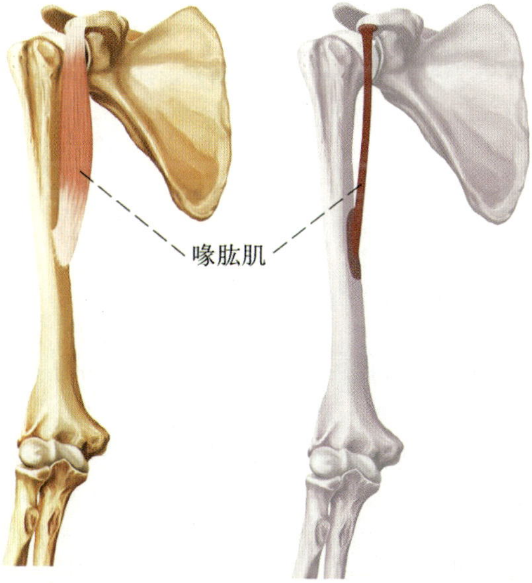

图 3-45　喙肱肌解剖结构

（四）肱三头肌

肱三头肌位于上臂后面，覆盖肱骨的后表面（图 3–46）。肱三头肌由三个头组成，在上臂后面的内侧有长头和内侧头，外侧有外侧头，它们汇集成一个共同的肌腱止于尺骨鹰嘴。长头起自肩胛骨盂下结节，内侧头起自肱骨后面桡神经沟内下方骨面，外侧头起自桡神经沟外上方骨面。近固定时，长头使上臂在肩关节处伸，三个头共同收缩使前臂在肘关节处伸；远固定时，三个头使上臂在肘关节处伸。

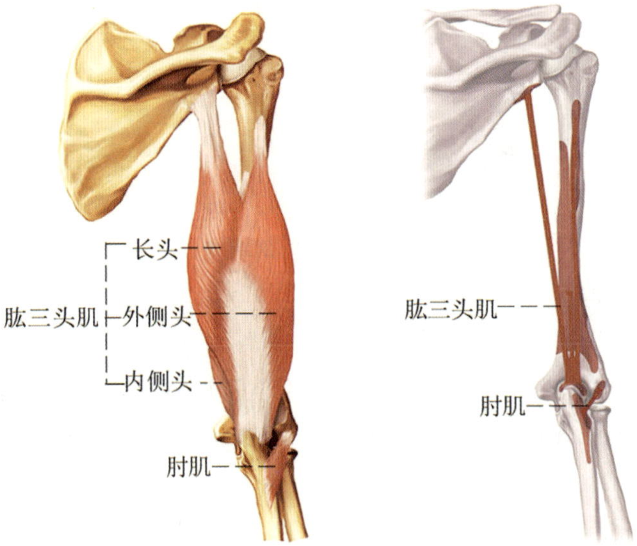

图 3–46　肱三头肌解剖结构

二、上臂训练动作

（一）站姿杠铃弯举（图 3–47）

主要锻炼肌肉：肱二头肌、肱肌。

预备姿势：

自然站立，两脚与肩同宽，腰腹收紧，两手握持杠铃垂于体前，握距与肩同宽，两肘夹紧并固定上臂。

向上动作阶段：

◎ 动作开始时，集中肱二头肌的收缩力带动前臂向上画半圆弯举至肩前，使前臂垂直于地面，稍停。

◎ 练习过程中不借助身体晃动来完成动作，仅仅依靠肱二头肌的力量带动杠铃向上弯举。

图 3–47　站姿杠铃弯举

向下动作阶段：

◎ 以肱二头肌的控制力缓慢下落至开始位置，稍停。

◎ 下落过程不能太快，要均匀、缓慢、有控制。

（二）站姿杠铃反握弯举（图 3–48）

主要锻炼肌肉：肱肌、肱二头肌。

图 3–48　站姿杠铃反握弯举

预备姿势：

自然站立，两脚与肩同宽，抬头挺胸，腰腹收紧，目视前方。两手反握杠铃，掌心向下，握距与肩同宽。

向上动作阶段：

◎ 动作开始时集中肱二头肌的收缩力带动前臂向上画半圆弯举至肩前，稍停。

◎ 杠铃弯举过程中，上臂固定不动，身体不能晃动。

向下动作阶段：

◎ 集中肱肌的力量缓慢下落至开始位置，稍停。

◎ 杠铃在下落阶段动作要缓慢、有控制。

（三）坐姿哑铃弯举（图 3–49）

主要锻炼肌肉：肱二头肌、肱肌。

图 3–49 坐姿哑铃弯举

预备姿势：

正坐在长凳上，两脚踏在地面上，抬头挺胸，直腰挺背，目视前方。两手掌心向上持哑铃，两臂垂于体前，两肘夹紧并固定上臂。

向上动作阶段：

◎ 动作开始时，集中肱二头肌的收缩力带动前臂向上收缩画半圆弯举至肩前，稍停。

◎ 在肱二头肌收缩至肩前的同时前臂外旋，使肱二头肌得到更大的收缩。

向下动作阶段：

◎ 集中肱二头肌的控制力缓慢下落，使前臂还原至开始位置。

◎ 哑铃要始终在控制下完成下降过程，动作要缓慢。

（四）交替哑铃侧弯举（图 3–50）

主要锻炼肌肉：肱桡肌、肱肌、肱二头肌。

预备姿势：

自然站立，两脚与肩同宽，收紧腰腹部。两手握持哑铃于体侧，保持身体稳定。

向上动作阶段：

◎ 肘紧贴身体固定，手持哑铃，掌心向内，将哑铃缓慢向上弯起，收缩肱肌及前臂肌肉。

◎ 在哑铃上升过程中身体不能摆动。

向下动作阶段：

◎ 利用主动肌的力量有控制地、缓慢流畅地将哑铃下放至肘关节处于微屈状态。

◎ 主动肌拉长时肌肉处于持续用力状态，全程不放松。

图 3–50 交替哑铃侧弯举

（五）俯坐单臂哑铃弯举（图 3–51）

主要锻炼肌肉：肱二头肌、肱肌。

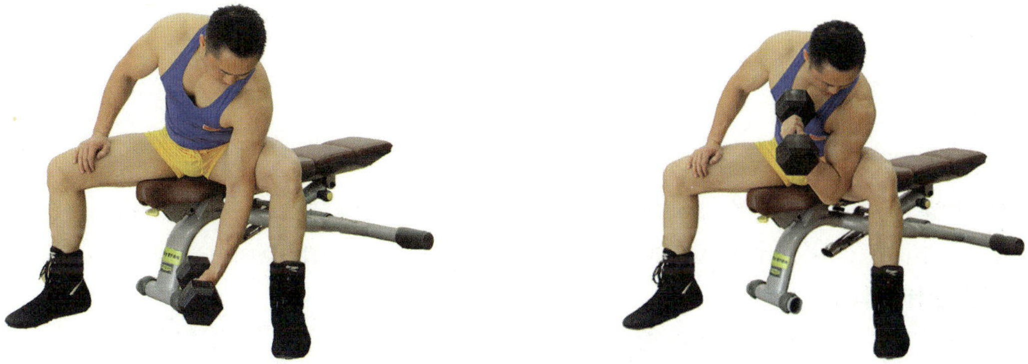

图 3–51 俯坐单臂哑铃弯举

预备姿势：

俯坐于长凳上，手持哑铃下垂于两腿之间，肱三头肌靠在大腿前部膝关节内侧，或手臂悬垂在两腿间，这样可以使肱二头肌孤立集中收缩。

向上动作阶段：

◎ 慢慢弯曲前臂向上至胸前，直至前臂垂直于地面。上臂不能移动，紧贴大腿内侧。

◎ 当弯起至胸前时，使肱二头肌尽量收紧，到动作顶端时前臂尽量外旋至最大收缩位置，稍停。

向下动作阶段：

◎ 利用肱二头肌的控制力缓慢流畅地回到开始位置。

◎ 在肘关节伸直的同时内旋前臂，可以使肱二头肌处于最大拉伸状态。

（六）斜托弯举（图 3–52）

主要锻炼肌肉：肱二头肌、肱肌。

图 3–52　斜托弯举

预备姿势：

坐在凳子上，握持杠铃双臂置于斜托面，胸部紧贴斜托后端。上臂尽量向前伸出，处于预拉紧状态。

向上动作阶段：

◎ 上臂不动，向上缓慢弯曲前臂举起杠铃，当前臂垂直于地面时，稍停。

◎ 身体保持稳定，不要向后倾斜，不能有猛拉、缩肩动作。

向下动作阶段：

◎ 下放时，利用肱二头肌的控制力缓慢流畅地回到起始位置，稍停。

◎ 下放过程中，注意对抗阻力，肌肉始终不放松。

（七）直托弯举（图 3–53）

主要锻炼肌肉：肱二头肌、肱肌。

预备姿势：

握持杠铃，双臂置于斜托面。

向上动作阶段：

◎ 上臂不动，向上弯曲前臂缓慢举起杠铃，尽力收缩肱二头肌，稍停。

◎ 用力时不能有缩肩、上拉动作。

向下动作阶段：

◎ 下放时，利用肱二头肌的控制力缓慢流畅地伸直手臂至最大伸展位，稍停。

◎ 下放过程中，动作要均匀、缓慢、有控制，肌肉始终不放松。

图 3–53　直托弯举

（八）坐姿器械弯举（图 3–54）

主要锻炼肌肉：肱二头肌、肱肌。

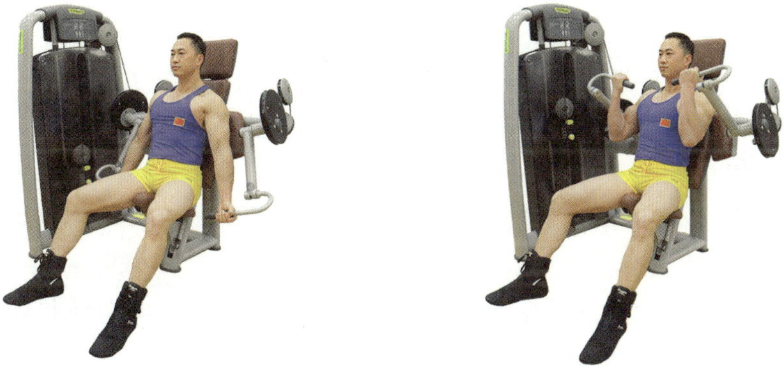

图 3–54　坐姿器械弯举

预备姿势：

坐在调试好的坐椅上，双脚平踏于地面，背部贴紧靠背垫，两手握住把手，抬头挺胸，直腰直背，目视前方。

向上动作阶段：

◎ 动作开始时，集中肱二头肌的收缩力带动前臂向上收缩画半圆弯举至肩前，直至肱二头肌完全收紧后，稍停。

◎ 向上收缩时，上臂要有前屈的趋势，不能缩肩。

向下动作阶段：

◎ 集中肱二头肌的控制力缓慢下落，直至前臂垂直于地面。

◎ 在下落过程中动作要均匀、缓慢、有控制，上臂不能后伸。

（九）龙门弯举（图 3–55）

主要锻炼肌肉：肱二头肌、肱肌。

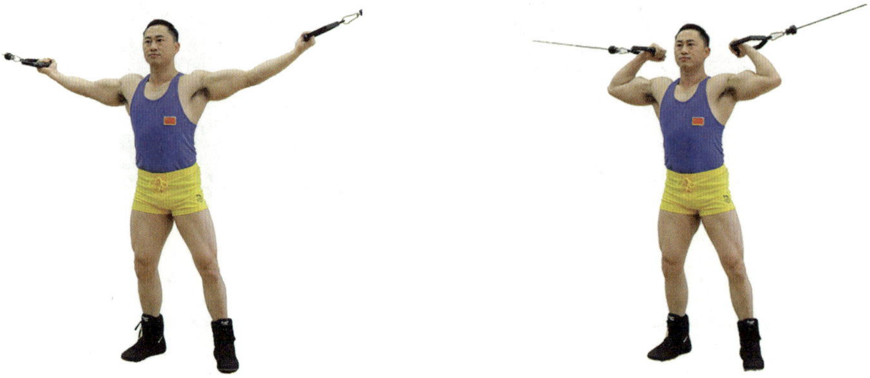

图 3–55　龙门弯举

预备姿势：

调整两侧滑轮到高于身高的位置，两腿自然站立在两个滑轮正中间，挺胸直腰，两手从左右各抓握一个手柄，双臂伸直。

向内动作阶段：

◎ 身体不动，上臂固定，利用肱二头肌的力量弯曲前臂拉引绳索，直至肱二头肌完全收紧后，稍停。

◎ 在练习过程中，不要有向前、向下夹肘的动作，避免胸大肌和背阔肌过多参与用力。

向外动作阶段：

◎ 集中肱二头肌的力量缓慢做离心运动，直至伸直前臂。

◎ 在放回绳索过程中，动作速度要缓慢、流畅，肌肉不能放松。

（十）凳上反屈伸（图 3–56）

主要锻炼肌肉：肱三头肌。

预备姿势：

身体仰撑于两个长凳间，两手撑在背后的凳子上，两腿放在身体前面的凳面上，身体其余部分全部悬空在两凳子中间，抬头、挺胸、收腰。

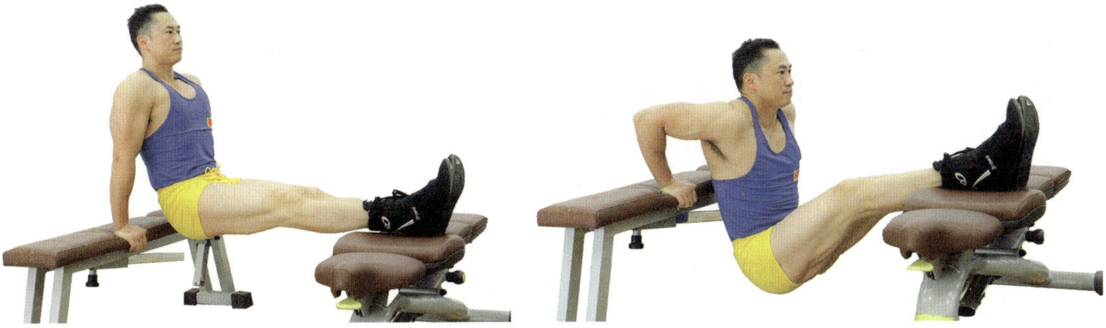

图 3–56　凳上反屈伸

向下动作阶段：

◎ 躯干不动，集中肱三头肌的力量缓慢屈肘使上身尽量下沉，直至最大拉伸幅度，稍停。

◎ 动作要平稳、缓慢，臀部尽量下沉。

向上动作阶段：

◎ 集中肱三头肌的收缩力带动身体由后向上撑，直至手臂完全伸直。

◎ 动作要缓慢，用力时呼气。

（十一）夹肘俯卧撑（图 3–57）

主要锻炼肌肉：肱三头肌、胸大肌、三角肌前束。

图 3–57　夹肘俯卧撑

预备姿势：

两手支撑在地面上，两手间的距离窄于肩，两臂完全伸直并垂直于地面，双腿并拢，收腹紧腰。

向下动作阶段：

◎ 动作开始时，两上臂夹紧身体两侧，屈肘缓慢下落，直至胸部离地面 2 厘米，稍停。

◎ 整个下降过程要缓慢，下落要有控制。

向上动作阶段：

◎ 集中肱三头肌的收缩力向上推起身体离开地面，直至两臂完全伸直。

◎ 推起过程中上臂必须紧贴身体两侧，动作要平稳。

（十二）窄握杠铃卧推（图 3–58）

主要锻炼肌肉： 肱三头肌、胸大肌。

图 3–58 窄握杠铃卧推

预备姿势：

仰卧在长凳上，使头、上背和臀部触及凳面，两脚平踏在地上，腰腹自然收紧，两肩下沉，两手伸直握杠铃，握距略窄于肩，保持身体的稳定。

向下动作阶段：

◎ 动作开始时，利用肱三头肌的控制力屈臂缓慢、流畅下降至接近胸面的位置。

◎ 当杠铃放下还原时，必须以肱三头肌的控制力慢慢放下至胸上方，稍停。

向上动作阶段：

◎ 集中以肱三头肌的收缩力使杠铃向上推起，直至杠铃处在两肩关节的上方。

◎ 杠铃在上升过程中上臂内收靠近身体两侧，并配合用力缓慢呼气。

（十三）仰卧杠铃臂屈伸（图 3–59）

主要锻炼肌肉： 肱三头肌。

预备姿势：

仰卧在长凳上，使头、上背部和臀部触及凳面，两脚平踏在地上，两手向上伸直握杠铃，握距与肩同宽。

图 3-59　仰卧杠铃臂屈伸

向下动作阶段：

◎ 动作开始时，保持上臂固定不动，两手持杠铃缓慢向头顶后方下落。

◎ 下落时要均匀、缓慢、有控制。

向上动作阶段：

◎ 集中肱三头肌的力量将前臂缓慢伸直，稍停。

◎ 两肘向内夹紧，伸前臂时上臂不能向前拉动肘部，不要借助背阔肌的力量。

（十四）颈后哑铃臂屈伸（图 3-60）

主要锻炼肌肉：肱三头肌。

图 3-60　颈后哑铃臂屈伸

预备姿势：

坐在平凳上，两脚平踏在地上，紧腰收腹，两臂伸直将哑铃置于头部后方，上臂夹紧并固定在双耳外侧。

向下动作阶段：

◎ 动作开始时，保持身体和上臂不动，缓慢向头后方屈前臂落至最低点，稍停。

◎ 固定头颈，在用力的时候不要借力。

向上动作阶段：

◎ 集中肱三头肌的力量缓慢使哑铃沿着头后向上伸直前臂。

◎ 确保上臂夹紧并固定在双耳外侧，手肘不要向外展，同时身体也不要晃动。

（十五）俯立哑铃臂屈伸（图 3–61）

主要锻炼肌肉：肱三头肌。

图 3–61　俯立哑铃臂屈伸

预备姿势：

自然站立，两脚与肩同宽，上身前屈至躯干与地面平行，上臂贴紧身体两侧，前臂下垂，两手握持哑铃。

向上动作阶段：

◎ 保持上臂不动，以三头肌的收缩力带动哑铃沿着体侧向上画半弧，直至前臂与上臂成一条直线，稍停。

◎ 集中注意力，固定上臂保持与地面平行不动。

向下动作阶段：

◎ 利用肱三头肌的力量控制哑铃缓慢沿着体侧向下画半弧，直至前臂垂直地面。

◎ 下落阶段要控制，身体尽量不要晃动。

（十六）正握拉力器下压（图 3–62）

主要锻炼肌肉：肱三头肌。

图 3–62　正握拉力器下压

预备姿势：

自然站立，两脚与肩同宽，站在离拉力器一步距离处，掌心向下握住拉力器横杠。

向下动作阶段：

◎ 动作开始时，集中肱三头肌的收缩力向下方按压拉力器横杆，直至前臂靠近大腿位置，稍停。

◎ 向下按压时身体不能前倾，上身不能有前屈动作。

向上动作阶段：

◎ 以肱三头肌的张力控制直杆缓慢向上，直至最大幅度。

◎ 向上时上臂不能离开身体，只有屈前臂的动作。

第五节　前臂训练动作

一、前臂解剖结构及功能分析

前臂肌群位于尺骨和桡骨周围，分为前群和后群，多数是长肌，肌腹厚而宽，肌腹位于近侧，细长的腱位于远侧，所以前臂上半部膨隆，下半部逐渐变细。

腕关节的运动肌群根据腕关节的运动轴分为四个功能组群。前臂前侧的屈肌主要有桡侧腕屈肌、掌长肌、尺侧腕屈肌（图 3–63）。指浅屈肌、指深屈肌在特定情况下运动腕关节。

后侧的伸肌主要有尺侧腕伸肌、桡侧腕长伸肌、桡侧腕短伸肌（图 3–64）。手指的伸肌，在指伸肌和示指伸肌的协助下，可以有助于握拳时伸腕动作的实现。腕关节内侧缘的内收肌主要有尺侧腕屈肌、尺侧腕伸肌。腕关节外侧缘的外展肌主要有桡侧腕屈肌、掌长肌、桡侧腕长伸肌、拇短展肌、拇短伸肌、拇长伸肌。这四个功能组群是参照平面上所定义的腕部运动，但是，实际上腕部的自然运动发生在一个倾斜平面上。为此，关节轴与不同肌

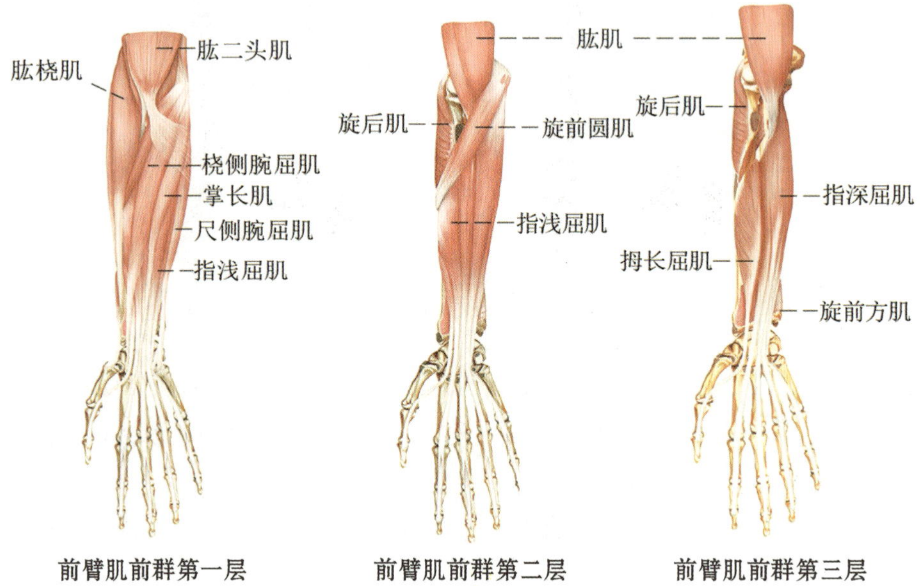

图 3–63　前臂前侧肌群解剖结构

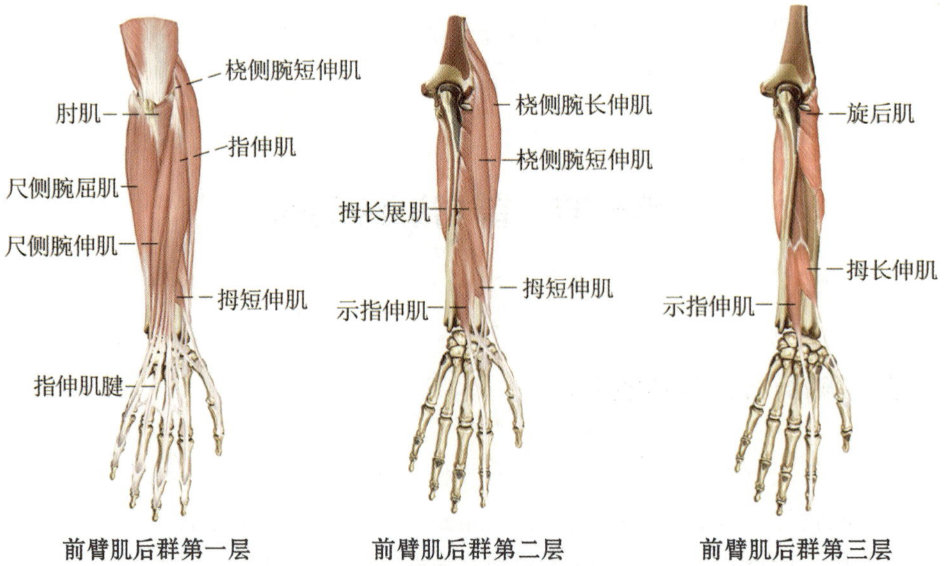

图 3–64　前臂后侧肌群解剖结构

肉的方向之间的关系是不可忽视因素。所有肌肉的走向和运动平面不是一致的，也就说肌肉本身的纵轴没有和腕关节的任何一个轴发生垂直关系，因此没有纯粹的伸肌和屈肌，也没有纯粹的外展肌和内收肌。正因为这些肌肉都是斜向行走，所以当它们各自收缩时，除了产生其主要作用外，还产生辅助作用。

二、前臂训练动作

（一）正握杠铃腕弯举（图 3–65）

主要锻炼肌肉：前臂屈肌群。

图 3–65　正握杠铃腕弯举

预备姿势：

掌心向上，两手正握杠铃，握距与肩同宽。前臂放置于长凳上面，手腕、手掌和手指在凳子边沿之外悬空。

向下动作阶段：

◎ 前臂不动，伸展手腕，向下放杠铃。将杠铃下放到最大伸展位置，稍稍停顿。

◎ 握紧杠铃，最大限度伸展前臂伸肌。

向上动作阶段：

◎ 收缩前臂屈肌群，将杠铃向上提起，最大限度屈腕，再稍稍停顿。

◎ 动作要平缓，有控制，不可快起快落。

（二）反握杠铃腕弯举（图 3–66）

主要锻炼肌肉：前臂伸肌群。

预备姿势：

掌心向下，两手反握杠铃，握距与肩同宽。前臂放置于长凳上面，手腕、手掌和手指在凳子边沿之外悬空。

图 3-66　反握杠铃腕弯举

向下动作阶段：

◎ 前臂不动，拉长前臂伸肌，将手腕尽可能往下放。将杠铃下放到最大伸展位置，稍稍停顿。

◎ 握紧杠铃，最大限度拉长前臂屈肌，保证最大幅度。

向上动作阶段：

◎ 收缩前臂伸肌群，将杠铃尽可能地往上举至顶峰收缩位，再稍稍停顿。

◎ 动作要平缓，整个过程均匀、缓慢、有控制。

（三）正握哑铃腕弯举（图 3-67）

主要锻炼肌肉：前臂屈肌群。

图 3-67　正握哑铃腕弯举

预备姿势：

掌心向上，两手正握哑铃。前臂放置于长凳上面，手腕、手掌和手指在凳子边沿之外悬空。

向下动作阶段：

◎ 前臂不动，伸展手腕，向下放哑铃。将哑铃下放到最大伸展位置，稍稍停顿。

◎ 握紧哑铃，最大限度伸展前臂屈肌。

向上动作阶段：

◎ 收缩前臂屈肌群，将哑铃向上提起，最大限度屈腕，再稍稍停顿。

◎ 动作要平缓，有控制，不可快起快落。

（四）反握哑铃腕弯举（图 3–68）

主要锻炼肌肉：前臂伸肌群。

图 3–68　反握哑铃腕弯举

预备姿势：

掌心向下，两手反握哑铃。前臂放置于长凳上面，手腕、手掌和手指在凳子边沿之外悬空。

向下动作阶段：

◎ 前臂不动，拉长前臂伸肌，将手腕尽可能往下放。将哑铃下放到最大伸展位置，稍稍停顿。

◎ 握紧哑铃，最大限度拉长前臂伸肌，保证最大幅度。

向上动作阶段：

◎ 收缩前臂伸肌群，将哑铃尽可能地往上举至顶峰收缩位，再稍稍停顿。

◎ 动作要平缓，整个过程均匀、缓慢、有控制。

（五）体前正握杠铃腕弯举（图 3–69）

主要锻炼肌肉：前臂屈肌群。

图 3-69　体前正握杠铃腕弯举

预备姿势：

自然站立，两脚与肩同宽，身体保持稳定。两手置于体前，掌心向前正握杠铃，握距与肩同宽。

向上动作阶段：

◎ 收缩前臂屈肌，屈腕将杠铃向上提起，在顶端稍稍停顿。

◎ 动作要平缓，有控制，不可快起快落。

向下动作阶段：

◎ 前臂不动，向下缓慢、流畅、有控制地放下杠铃，稍稍停顿。

◎ 向下不放松，尽量伸展前臂肌群。

（六）体前反握杠铃腕弯举（图 3-70）

主要锻炼肌肉： 前臂伸肌群。

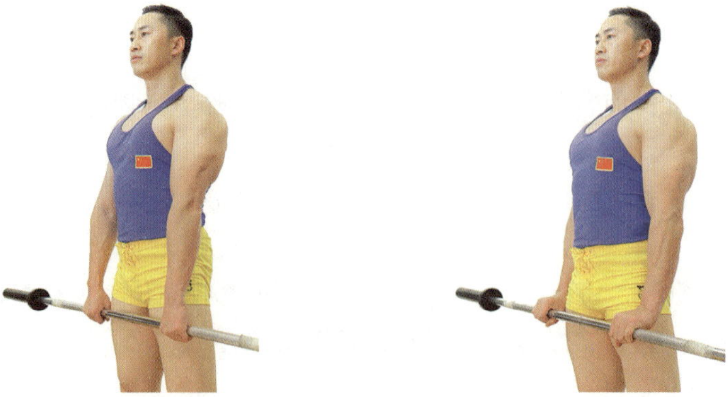

图 3-70　体前反握杠铃腕弯举

预备姿势：

自然站立，两脚与肩同宽，身体保持稳定。两手置于体前，掌心向后反握杠铃，握距与肩同宽。

向上动作阶段：

◎ 收缩前臂伸肌，屈腕将杠铃向上提起，收缩至最大幅度，在顶端稍稍停顿。

◎ 动作要平缓，不可快起快落。

向下动作阶段：

◎ 前臂不动，向下缓慢、流畅、有控制地放下杠铃，稍稍停顿。

◎ 向下不放松，尽量伸展前臂肌群。

第六节　腰腹部训练动作

一、腰腹部解剖结构及功能分析

（一）腹直肌

腹直肌起于耻骨联合上缘，并且有小的纤维束连于对侧肌肉和股内收肌，止于第 5、6 和 7 肋骨的前弓和肋软骨以及胸骨剑突（图 3–71）。腹直肌下固定时，一侧收缩，使脊柱向同侧侧屈，两侧同时收缩，使脊柱前屈，并可降肋辅助呼气。腹直肌上固定时，一侧收缩使骨盆向同侧侧倾，脊柱向同侧侧屈。两侧同时收缩，使骨盆后倾。腹直肌无固定时，使胸廓下口和骨盆上口相互靠近，完成收腹团身动作。

（二）腹外斜肌

腹外斜肌以锯齿状肌束起自第 5–12 肋骨的外侧面，后部肌纤维向下止于髂嵴，前部肌束移行于腱膜，经腹直肌的前面，参与形成腹直肌鞘的前层，止于腹白线（图 3–72）。腹外斜肌下固定时，一侧收缩，使脊柱向同侧侧屈和向对侧回旋；两侧同时收缩，使脊柱前屈，并可降肋辅助呼气。腹外斜肌上固定时，一侧收缩使骨盆向同侧回旋及对侧侧倾，使脊柱向同侧回旋及侧屈；两侧同时收缩，使骨盆后倾。腹外斜肌无固定时，使胸廓下口和骨盆上口相互靠近，完成收腹团身动作。

（三）腹内斜肌

腹内斜肌起于胸腰筋膜、髂嵴及腹股沟韧带外侧，后部肌束几乎垂直上升，止于第 10 ~ 12 肋骨下缘（图 3–73）。前部肌束移行为腱膜，参与形成腹直肌鞘前层和后层，止

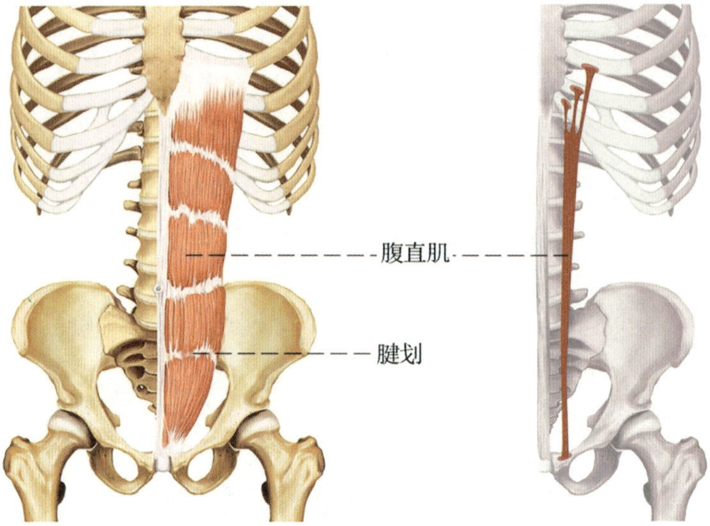

图 3–71　腹直肌解剖结构

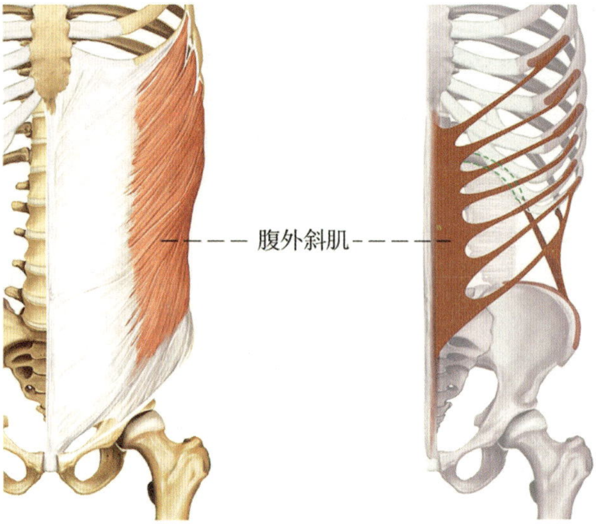

图 3–72　腹外斜肌解剖结构

于腹白线。腹内斜肌下固定时，一侧收缩，使脊柱向同侧侧屈和向同侧回旋；两侧同时收缩，使脊柱前屈，并可降肋辅助呼气。腹内斜肌上固定时，一侧收缩使骨盆向对侧回旋及向同侧侧倾，使脊柱向对侧回旋及向同侧侧屈，两侧同时收缩使骨盆后倾。腹内斜肌无固定时，使胸廓下口和骨盆上口相互靠近，完成收腹团身等动作。

（四）腹横肌

腹横肌是腹壁最内层的扁肌，其肌纤维起于胸腰筋膜，第 7 ~ 12 肋骨内面、髂嵴和腹股沟韧带外侧。肌束移行为腱膜，参与形成腹直肌鞘后层，止于腹白线（图 3–74）。

腹横肌与其他腹肌协同收缩，可增加腹压，协助完成分娩、咳嗽、呕吐、排便等生理功能。

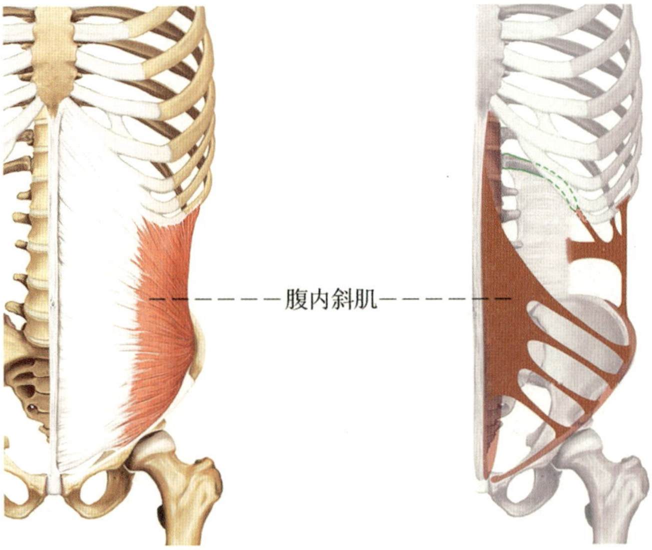

图 3–73　腹内斜肌解剖结构

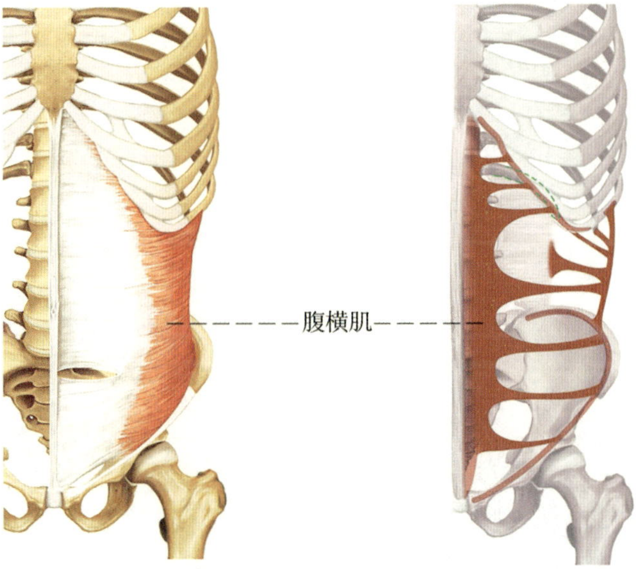

图 3–74　腹横肌解剖结构

（五）竖脊肌

竖脊肌为脊柱后方的长肌，它以总腱起自骶骨背面、髂嵴后部、腰椎棘突和胸腰筋膜，向上分为三部：后外侧为髂肋肌，是一棱柱状的厚肌肉，止于肋骨的肋角（图 3–75）。中间为最长肌，是脊柱两侧的长肌肉，止于腰部与胸椎的横突及下位 10 根肋骨。内侧为棘肌，止于颈、胸椎的棘突。竖脊肌下固定时，两侧收缩，使头和脊柱伸；一侧收缩，使脊柱向同侧屈。竖脊肌上固定时，两侧同时收缩，使脊柱伸并带动下肢后摆。一侧收缩，使脊柱侧屈。

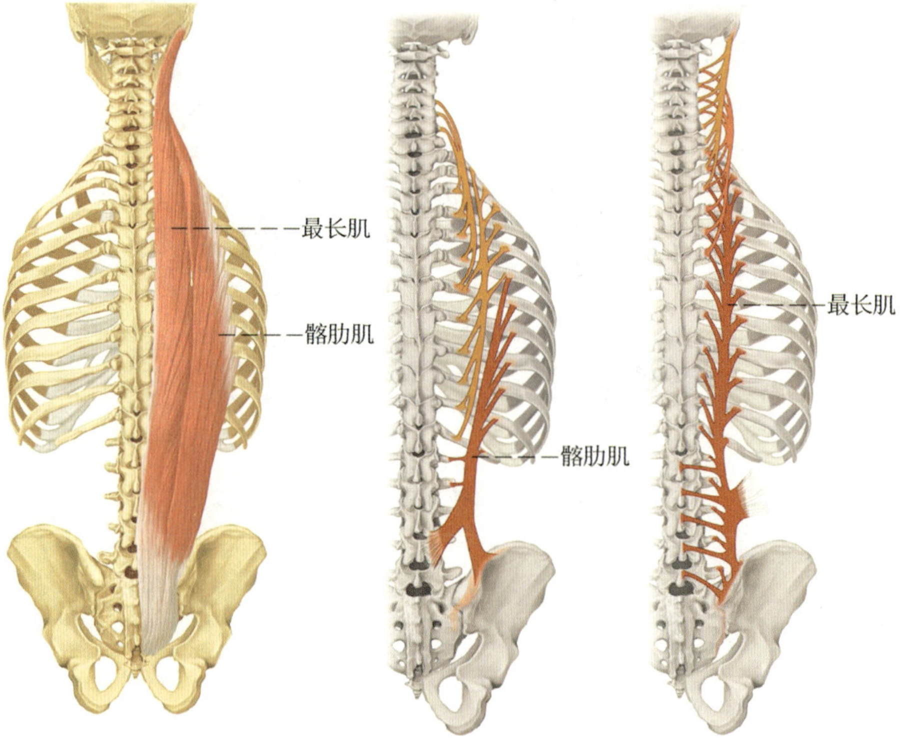

图 3–75　竖脊肌解剖结构

二、腰腹部训练动作

（一）仰卧卷腹（图 3–76）

主要锻炼肌肉：腹直肌、腹内外斜肌、腹横肌。

预备姿势：

仰卧在垫上，两脚与肩同宽。屈膝，使大腿和小腿夹角成 90 度，两手放于体侧或头部两侧。

向上动作阶段：

◎ 动作将开始时，含胸收腹，使上背部离开垫面，以腹部肌群的收缩力卷起上身。

◎ 在上体卷腹过程中，要“卷、压、吐”，也就是在动作中要卷腹，在卷腹的同时要对肌肉进行压缩，在压缩的同时要把腹腔的气体逐渐吐至“真空状态”，稍停。

图 3-76　仰卧卷腹

向下动作阶段：

◎ 在腹部肌群的控制下缓慢、流畅、有控制地下落，依次是腰部、背部、头部。

◎ 下落过程中尽力拉长腹直肌，吸气。

（二）搁腿仰卧卷腹（图 3-77）

主要锻炼肌肉：腹直肌、腹内外斜肌、腹横肌。

预备姿势：

仰卧在垫上，两脚与肩同宽。腿前放置一条与大腿齐高的长凳，把小腿放于凳面上，使大腿垂直于地面。

向上动作阶段：

◎ 动作将开始时，含胸收腹，使上背部离开垫面，以腹部肌群的收缩力卷起上身，两肘尽量靠近膝部。

◎ 在上体卷腹过程中，要“卷、压、吐”，也就是在动作中要卷腹，在卷腹的同时要对肌肉进行压缩，在压缩的同时要把腹腔的气体逐渐吐至“真空状态”，稍停。

向下动作阶段：

◎ 在腹部肌群的控制下缓慢、流畅、有控制地下落，依次是下背部、上背部、头部。

◎ 下降过程腹部不能凸起，充分拉长腹部肌群。

图 3-77　搁腿仰卧卷腹

（三）悬垂收腹举腿（图 3-78）

主要锻炼肌肉：腹直肌、腹内外斜肌、腹横肌。

图 3-78　悬垂收腹举腿

预备姿势：

两手与肩同宽握住单杠，两臂自然伸直，两脚离地，全身自然下垂，身体保持稳定。两腿微屈至锁定状态。

向上动作阶段：

◎ 保持两臂伸直，以腹部肌群的收缩力举起双腿和抬起臀部，称作“收腹抬臀”，呼气，短暂停留。

◎ 向上尽力收缩腹肌，上举的位置越高越好。

向下动作阶段：

◎ 在腹部肌群的控制下，大小腿缓慢、流畅、有控制地下落。

◎ 下落时，身体不能摆动。

（四）坐姿屈膝上举（图 3–79）

主要锻炼肌肉： 腹直肌、腹内外斜肌、腹横肌。

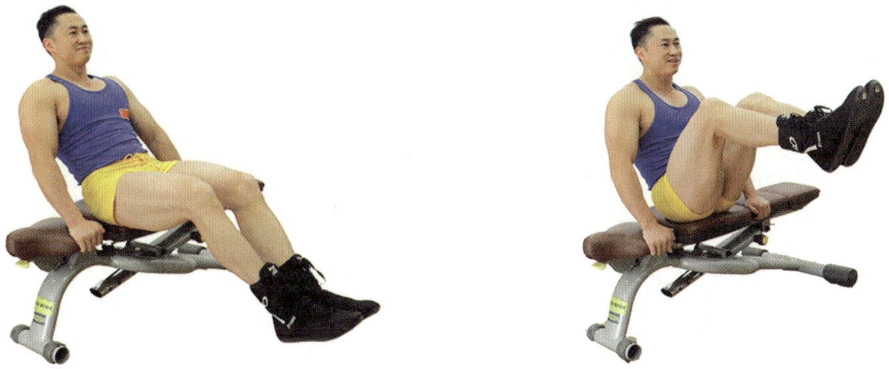

图 3–79 坐姿屈膝上举

预备姿势：

端坐于长凳一端，两手扶撑在长凳的边缘，上体后倾大约 45 度角，两腿微屈悬垂。保证凳子稳固，无晃动。

向上动作阶段：

◎ 以腹部肌群的收缩力，抬起双腿，同时，上身屈向下用力压缩腹肌，呼气。

◎ 将两膝尽量向两肩靠近，形成含胸弯腰姿势，使腹部肌群处于顶峰收缩位，稍停。

向下动作阶段：

◎ 以腹部肌群的控制力，使躯干和两腿慢慢伸展还原。

◎ 双腿和躯干展开时尽量缓慢。

（五）双向卷腹（图 3–80）

主要锻炼肌肉：腹直肌、腹内外斜肌、腹横肌。

图 3–80 双向卷腹

预备姿势：

仰卧在垫上，两脚向上伸出，屈膝呈 90 度角，小腿悬空并与地面平行。两手置于小腿外侧。腹肌处于“预拉紧”姿势。

向上动作阶段：

◎ 上体卷起的同时收膝，压缩腹肌并尽量吐气，直到两肘碰到两膝为止，稍停。

◎ 在上体卷腹和收腿的同时，要“卷、压、吐”，使腹腔处于“真空状态”，稍停。

◎ 不要使用猛力和惯性。

向下动作阶段：

◎ 以腹部肌群的控制力缓慢流畅地向下伸展腹肌，并回到起始位置。

◎ 下降过程腹部仍然保持吸腹状态。

（六）坐姿器械卷腹（图 3–81）

目标肌肉：腹直肌、腹内外斜肌、腹横肌。

预备姿势：

端坐于卷腹训练器上，双脚固定在挡托。将肩部挡托固定于双肩，两手握住固定夹。

向上动作阶段：

◎ 以腹部肌群的收缩力，上身屈向下用力压缩腹肌，呼气。

◎ 将两肩尽量向两膝靠近，形成含胸弯腰姿势，使腹部肌群处于顶峰收缩位，稍停。

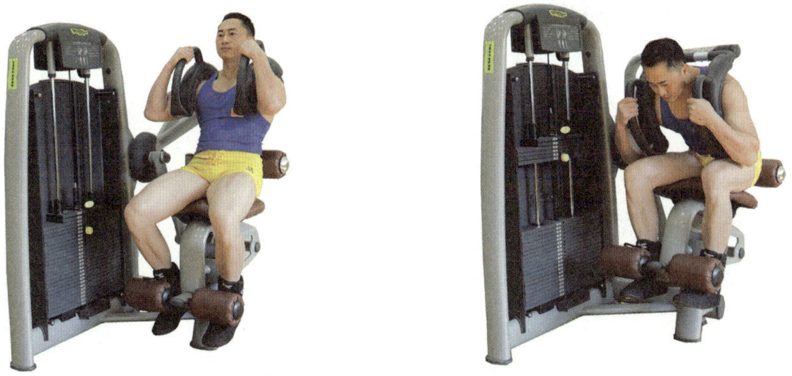

图 3-81　坐姿器械卷腹

向下动作阶段：

◎ 以腹部肌群的控制力，使躯干和两腿慢慢伸展还原。

◎ 双腿和躯干展开时尽量缓慢。

（七）坐姿器械转体（图 3-82）

目标肌肉：腹内外斜肌。

图 3-82　坐姿器械转体

预备姿势：

端坐于转体训练器上，大腿固定挡托，肩前部贴紧挡托，两手握住把手。

向左动作阶段：

◎ 以腹内外斜肌肌群的收缩力，做转体动作，呼气。

◎ 将上身转至最大收缩幅度，稍停。

向右动作阶段：

◎ 以腹部肌群的控制力，使躯干慢慢回到原位。

◎ 要均匀、缓慢、有控制。

（八）俯卧挺身（图 3–83）

主要锻炼肌肉：竖脊肌。

图 3–83　俯卧挺身

预备姿势：

俯卧于垫上，面朝下整个身体贴于垫子上，两臂置于体侧，伸直双腿脚尖向下，腰背收紧。如要增加训练难度和效果，也可放一杠铃片在上背部。

向上动作阶段：

◎ 呼气，集中竖脊肌的力量抬起上身至最高位置，稍停。

◎ 向上动作阶段不使用爆发力。

向下动作阶段：

◎ 以背肌的力量将上体缓慢向下落，至身体放松俯卧于垫上。

◎ 要求下落时要缓慢有控制。

（九）山羊挺身（图 3–84）

主要锻炼肌肉：竖脊肌。

图 3–84　山羊挺身

预备姿势：

俯卧在罗马椅或长凳上，调整器械使大腿上端紧贴凳边的同时上身探出器械之外，两脚固定，上身前屈，两手放于体前或体侧。

向上动作阶段：

◎ 呼气，挺胸抬头腰部收紧，集中竖脊肌的力量缓慢向上挺起上身，稍停。

◎ 全过程速度不要过快，均匀、缓慢、有控制。

向下动作阶段：

◎ 吸气，以竖脊肌的控制力缓慢将上身向下落至最低点，稍停。

◎ 重点是向下过程中要充分伸展竖脊肌。

第七节　臀部训练动作

一、臀部解剖结构及功能分析

（一）臀大肌

臀大肌位于臀部皮下，为四方形扁肌，生理横断面较大，它是人体骨骼肌中最大最有力的肌肉之一（图 3–85）。在形体健美中，臀大肌是影响臀围和形成臀部外形的主要因素。臀大肌起于髂骨翼外面后部及骶骨背面，止于臀肌粗隆和髂胫束。臀大肌近固定时，使大腿在髋关节处伸和旋外。臀大肌上部和下部的功能是不同的，上部使大腿外展，下部使大腿内收。臀大肌远固定时，一侧肌肉收缩使骨盆向对侧回旋，两侧同时收缩使骨盆后倾。

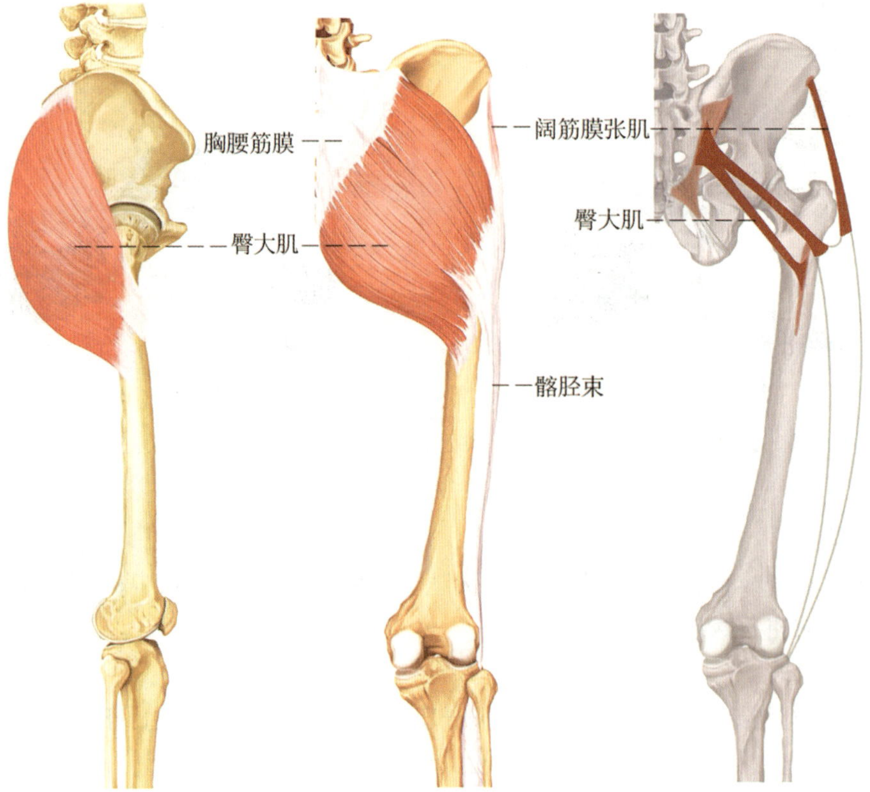

图 3–85　臀大肌解剖结构

（二）臀中肌和臀小肌

臀中肌和臀小肌位于臀部外上方，大部分被臀大肌所覆盖，臀中肌在浅层，臀小肌在深层，两肌呈扇形，二肌肌束均呈放射状排列，分为前、后两部分，两肌均起于髂骨翼外面，止于股骨大转子（图 3–86）。臀中肌和臀小肌近固定时，使大腿在髋关节处外展；前部使大腿在髋关节处屈和旋内；后部使大腿在髋关节处伸和旋外。臀中肌和臀小肌远固定时，一侧肌肉收缩使骨盆向同侧倾，前部两侧肌纤维同时收缩使骨盆前倾，一侧收缩使骨盆向同侧回旋；后部两侧肌纤维同时收缩使骨盆后倾，一侧收缩使骨盆向对侧回旋。

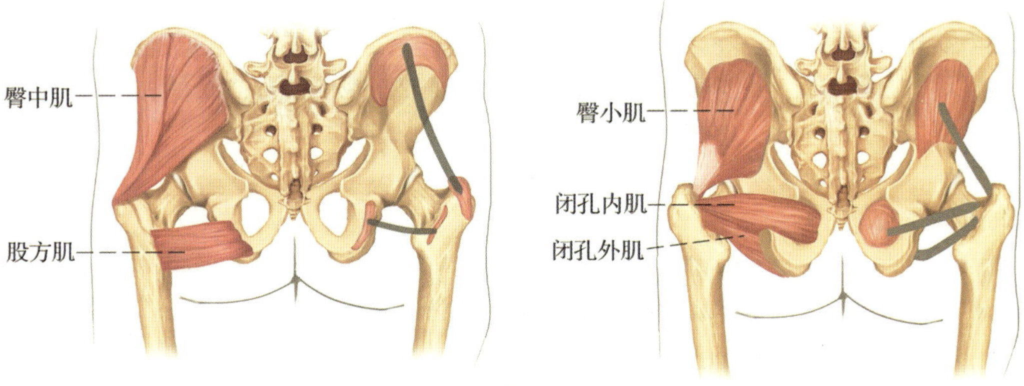

图 3-86 臀中肌和臀小肌解剖结构

二、臀部训练动作

（一）屈腿硬拉（图 3-87）

主要锻炼肌肉： 臀大肌、腘绳肌。

图 3-87 屈腿硬拉

预备姿势：

两脚开立与髋同宽，大腿外旋，两脚尖成“V”字型站立，挺胸直腰。掌心向后，两手握住杠铃，握距略比肩宽，使杠铃贴近身体，挺胸收腹，背部挺直，目视前方。

向下动作阶段：

◎ 以髋关节为轴，上体前倾，缓慢、流畅、有控制地向前弯曲至最大伸展位，这时髋部高于双膝，低于肩部，稍停，感受臀大肌、腘绳肌的拉伸。

◎ 整个下降过程腰背一定要挺直，不能弓腰。

向上动作阶段：

◎ 用力伸髋，充分利用臀大肌、腘绳肌的收缩力量将杠铃向上提起，将杠铃拉至大腿中部时，继续伸膝、伸髋和展体将杠铃拉起至身体挺直，稍停。

◎ 动作要平稳，不能猛拉、猛起。

（二）高位剪蹲（图 3–88）

主要锻炼肌肉：股四头肌、臀大肌、腘绳肌。

图 3–88　高位剪蹲

预备姿势：

自然站立，两脚与肩同宽，上体挺直，收腹紧腰，或两手持哑铃置于体侧（或将杠铃置于颈后上斜方肌）。背后放一长凳，高度与小腿齐高。左脚向后迈一步，并放于凳面上，右腿小腿垂直地面。

向下动作阶段：

◎ 屈髋、屈膝下蹲至右大腿接近水平位，稍停。

◎ 在下蹲的过程中，要求缓慢、流畅、有控制，收腹，紧腰，上身不能前倾。

向上动作阶段：

◎ 下蹲至最低位置时，重心后移，两腿同时向上伸直。

◎ 控制好平衡，身体不能左右摆动。

（三）仰卧挺髋举（图 3–89）

主要锻炼肌肉： 臀大肌、腘绳肌。

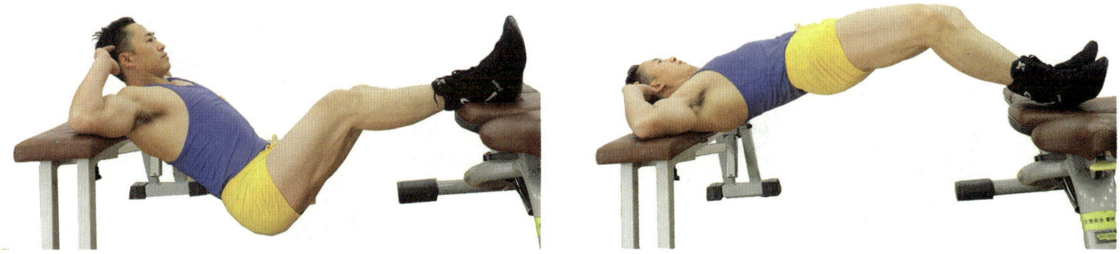

图 3–89 仰卧挺髋举

预备姿势：

两脚分开与肩同宽，大腿外旋，两脚成“V”字型，双腿屈曲，仰卧在长凳上，上背部紧贴凳面边缘。有一定基础者，可以负重进行练习。

向上动作阶段：

◎ 动作开始时，以臀大肌和腘绳肌的力量缓慢上举至最大收缩位，收臀，挺髋。

◎ 不能使用猛力，爆发力。

向下动作阶段：

◎ 以臀大肌和腘绳肌的控制力缓慢下降至开始姿势。

◎ 下降阶段臀大肌要充分伸展。

◎ 固定好长凳，练习中不能移动。

（四）坐姿器械腿外展（图 3–90）

主要锻炼肌肉： 臀大肌。

预备姿势：

坐在外展训练器的座位上，双脚并拢踩在脚踏板上，两膝部外侧紧贴在挡托上。上体挺直靠在背板上，两手握住两侧固定手托。

向外动作阶段：

◎ 身体不动，以外展肌的收缩力缓慢使左右大腿分别向外侧展开至最大收缩位，稍停。

◎ 无猛力、爆发力，无上体的前后摆动。

向内动作阶段：

◎ 以外展肌的控制力缓慢、流畅、有控制地回到开始位置，稍停。

◎ 整个过程动作平稳，不能放松，保持臀大肌的持续用力。

图 3–90　坐姿器械腿外展

（五）站姿单腿外展（图 3–91）

主要锻炼肌肉：臀中肌、臀小肌、臀大肌。

图 3–91　站姿单腿外展

预备姿势：

以右腿为例，左侧面向器械站立，左手扶器械把杆，把拉力器调整至最低档，并把拉力器固定小腿下端，保持身体稳定。

向外动作阶段：

◎ 动作开始时，左腿不动，右腿向右侧做外展动作至最大幅度，稍停。

◎ 做动作时腿伸直，身体保持平衡，均匀用力，不使用爆发式外展。

向内动作阶段：

◎ 利用外展肌群的控制力缓慢向左回到开始位置。

◎ 要控制返回的速度，肌肉不能放松，始终处于张紧状态。

（六）站姿单腿后伸（图 3–92）

主要锻炼肌肉：臀大肌、腘绳肌。

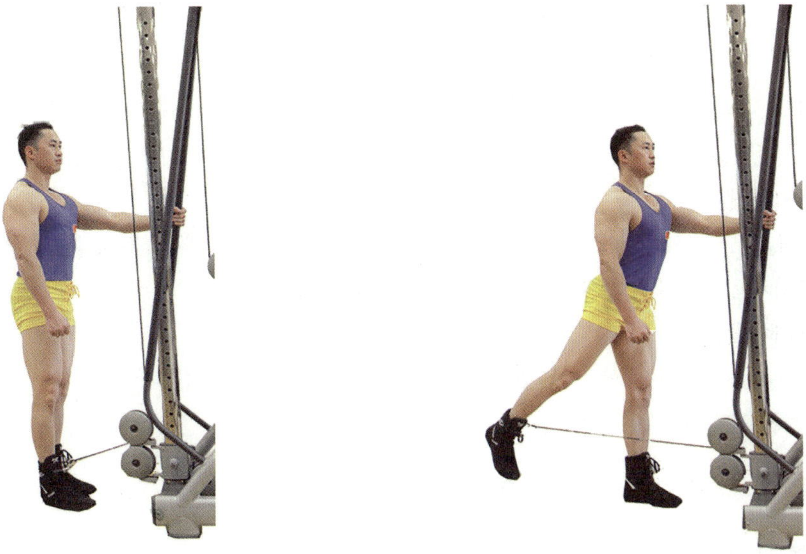

图 3–92　站姿单腿后伸

预备姿势：

以右腿为例，面向器械站立，左手扶器械把杆，把拉力器调整至最低档，并把拉力器固定右小腿下端，保持身体稳定。

向后动作阶段：

◎ 动作开始时，左腿不动，右腿向后伸至最大幅度，稍停。

◎ 做动作时大腿稍外旋，身体保持平衡，均匀用力，不使用爆发式后伸。

向前动作阶段：

◎ 利用后伸肌群的控制力缓慢向前回到开始位置。

◎ 要控制返回的速度，肌肉不能放松，始终处于张紧状态。

（七）跪撑单腿后上举（屈腿）（图 3–93）

主要锻炼肌肉：臀大肌、腘绳肌。

图 3–93　跪撑单腿后上举（屈腿）

预备姿势：

屈髋、屈膝，两手于肩部下方伸直支撑于垫上。腰腹收紧，保持背部平直，身体稳定。

向上动作阶段：

◎ 身体不动，以臀大肌、腘绳肌的收缩力将单腿用力上举至最大收缩位，稍停。

◎ 不能仰头，单腿后上举过程中保持膝关节微屈。

向下动作阶段：

◎ 身体不动，单腿缓慢、流畅、有控制地下降至开始位置。

◎ 保持身体核心稳定，不能左右晃动。

（八）跪撑单腿侧上举（图 3–94）

主要锻炼肌肉：臀大肌。

图 3–94　跪撑单腿侧上举

预备姿势：

屈髋、屈膝，两手于肩部下方伸直支撑于垫上。腰腹收紧，保持背部平直，身体稳定。

向上动作阶段：

◎ 身体不动，以臀大肌的收缩力将单腿用力上举至最大收缩位，稍停。

◎ 不能仰头，单腿侧上举过程中保持膝关节微屈。

向下动作阶段：

◎ 身体不动，单腿缓慢、流畅、有控制地下降至开始位置。

◎ 保持身体核心稳定，不能左右晃动。

（九）侧卧单腿侧上举（图 3–95）

主要锻炼肌肉：臀中肌、臀小肌、臀大肌。

图 3–95　侧卧单腿侧上举

预备姿势：

以右侧卧为例，侧卧在垫上，左手撑垫上，双腿并拢，核心肌群收紧，保持身体稳定。

向上动作阶段：

◎ 身体不动，以臀大肌、臀中肌和臀小肌的收缩力将左腿用力上举至最大收缩位，稍停。

◎ 左腿侧上举过程中保持膝关节伸直。

向下动作阶段：

◎ 身体不动，单腿缓慢、流畅、有控制地下降至开始位置。

◎ 保持身体核心稳定，不能左右晃动。

第八节　大腿训练动作

一、大腿解剖结构及功能分析

（一）前外侧肌群

前外侧肌群包括股四头肌、缝匠肌和阔筋膜张肌（图 3–96）。股四头肌位于大腿前面，是人体中体积最大的肌肉之一，由四块相互联系的肌肉组成，包括股直肌、股中肌、股内侧肌和股外侧肌。股直肌起自髂前下棘，股中肌起自股骨体前面，股外侧肌起自股骨粗线外侧唇，股内侧肌起自股骨粗线内侧唇，四个头相合，形成一条强有力的腱，由前面及两侧包绕髌骨，并在髌骨下方形成髌韧带，借此止于胫骨粗隆。股四头肌近固定时，使小腿在膝关节处伸，股直肌可使大腿在髋关节处屈。远固定时，可使大腿在膝关节处伸，维持

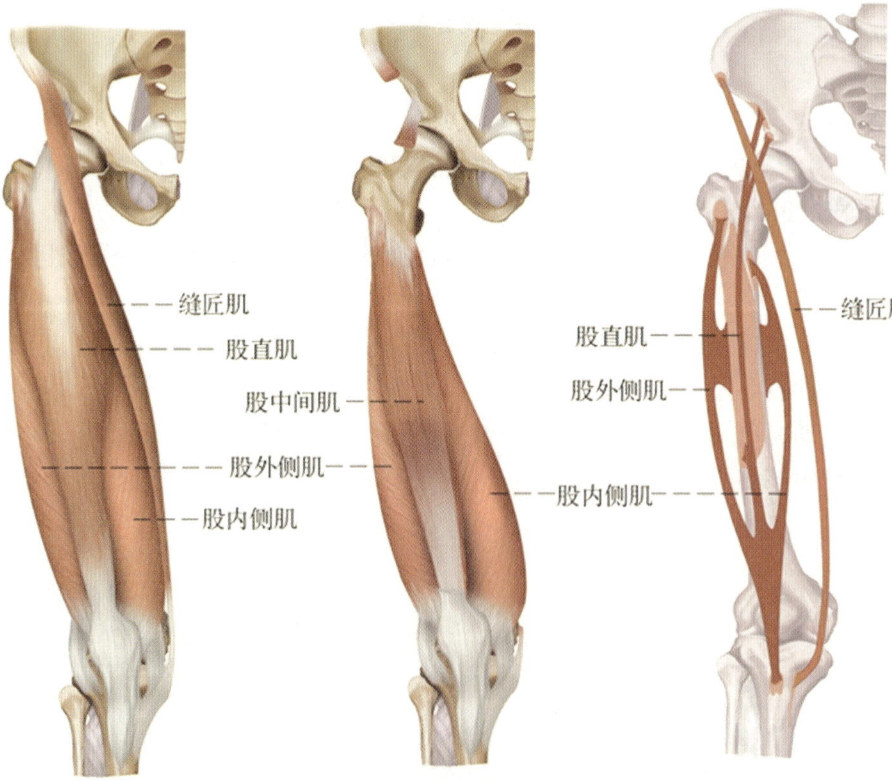

图 3–96　股四头肌和缝匠肌解剖结构

人体直立姿势。缝匠肌起髂前上棘，止于胫骨粗隆内侧面。阔筋膜张肌起自髂前上棘，向下移行于髂胫束，止于胫骨外侧髁。缝匠肌在近固定时使大腿屈和旋外，使小腿屈和旋内。远固定时，两侧收缩使骨盆前倾。阔筋膜张肌在近固定时使髂胫束紧张，使大腿屈和旋内。远固定时，一侧收缩使骨盆向同侧倾，两侧同时收缩使骨盆前倾。

（三）后侧肌群

后侧肌群又称腘绳肌，由三块肌肉组成，包括股二头肌和半腱肌、半膜肌（图 3–97）。股二头肌有两个头，长头起于坐骨结节，短头起于股骨粗线外侧唇下部。两头合并以长腱止于腓骨头。股二头肌在近固定时，长头使大腿在髋关节处伸；长、短头使小腿在膝关节处屈和旋外。远固定时，两侧收缩使骨盆后倾，一侧收缩使大腿在膝关节处屈。半腱肌和半膜肌均起于坐骨结节，半腱肌止于胫骨粗隆内侧面，半膜肌止于胫骨内侧髁内侧面。半腱肌和半膜肌在近固定时，使大腿在髋关节处伸，并使小腿在膝关节处屈并旋内。远固定时，两侧同时收缩使骨盆后倾，一侧收缩使大腿在膝关节处屈。

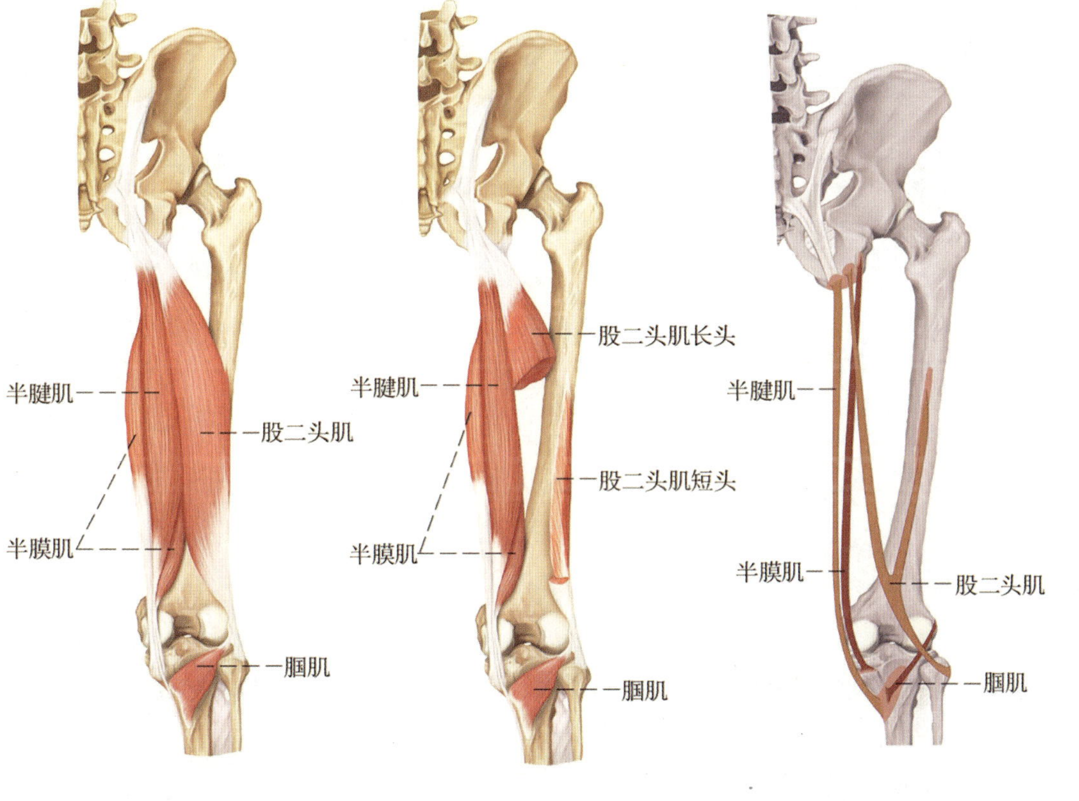

图 3–97　腘绳肌解剖结构

（四）内侧肌群

内侧肌群包括耻骨肌、长收肌、短收肌、大收肌、股薄肌，位于大腿内侧，分层排列（图

3–98）。耻骨肌和长收肌起于耻骨上支，短收肌起于耻骨下支。耻骨肌止于股骨粗线内侧唇上部，长收肌止于股骨粗线内侧唇中部，短收肌止于耻骨粗线内侧唇中部。耻骨肌、长收肌和短收肌在近固定时，使大腿在髋关节处屈、内收。远固定时，两侧同时收缩使骨盆前倾。

大收肌是最有力的内收肌，具有独特的排列，其内侧纤维起于坐骨结节、坐骨支和耻骨下支，止于股骨最近端的股骨粗线内侧唇上 2/3 处及股骨的收肌结节（图 3–99）。大收肌在近固定时，使大腿在髋关节处内收、伸。远固定时，两侧同时收缩使骨盆后倾。股薄肌起自耻骨下支，肌束下行自膝关节后方转向前方，止于胫骨粗隆内侧。近固定时，使大腿在髋关节处内收，使小腿在膝关节处屈、旋内。远固定时，两侧同时收缩使骨盆前倾。

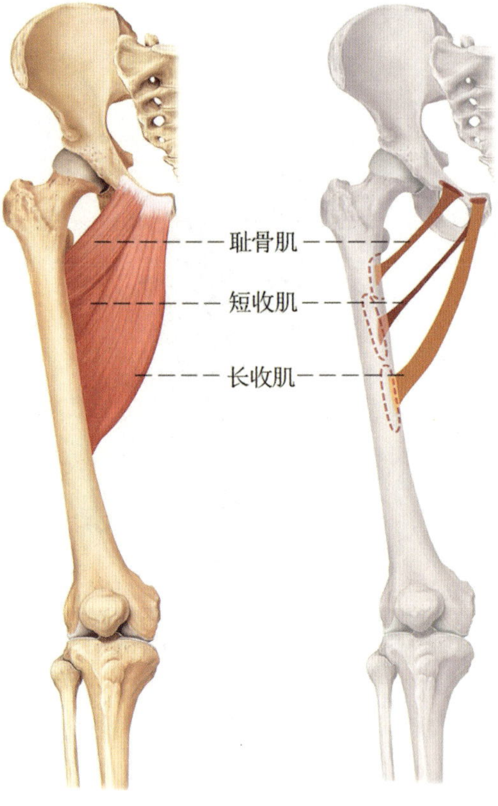

图 3–98　耻骨肌、长收肌和短收肌解剖结构

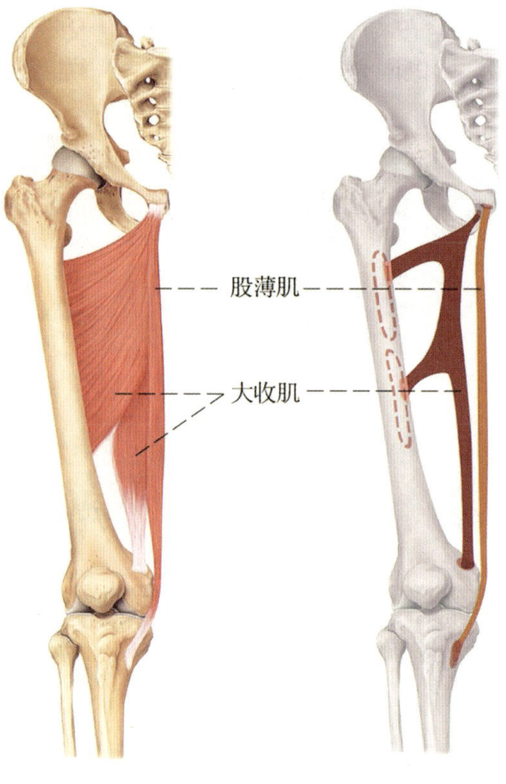

图 3–99　大收肌和股薄肌解剖结构

二、大腿训练动作

（一）颈后深蹲（图 3–100）

主要锻炼肌肉：股四头肌、臀大肌、腘绳肌。

图 3-100　颈后深蹲

预备姿势：

两脚自然站立，与肩同宽，脚尖略向外。两手宽于肩握杠铃，将杠铃放在颈后，即隆起的斜方肌上和三角肌上，收紧腰腹，挺胸直腰。

向下动作阶段：

◎ 吸气，头部稍微抬起，两眼始终注视前方，直腰直背，上体尽量保持不动始终做垂直向下，屈髋、屈膝缓慢控制下蹲。

◎ 确保下蹲时膝关节的方向同脚尖的方向一致，蹲至大腿平行或稍低于地面成全蹲位置为止（大小腿夹角小于 90 度），稍停。

向上动作阶段：

◎ 挺胸收腰直背，以股四头肌的力量向上伸髋伸膝，直至伸直双腿。

◎ 向上阶段要挺胸抬头，直腰直背，使杠铃重心始终在脚尖和脚后跟之间。

（二）颈前深蹲（图 3-101）

主要锻炼肌肉：股四头肌、臀大肌、腘绳肌。

预备姿势：

两脚自然站立，与肩同宽，脚尖略向外。两手正手握杠铃，向上抬手肘，将横杠放在颈前上胸和两肩三角肌前束处，抬头挺胸，直腰挺背，目视前方。

向下动作阶段：

◎ 吸气，头部稍微抬起，两眼始终注视前方，直腰直背，上体尽量保持不动始终做垂直向下，屈髋、屈膝，缓慢、有控制地下蹲。

◎ 确保下蹲时膝关节的方向同脚尖的方向一致，蹲至大腿平行或稍低于地面成全蹲位置为止，稍停。

向上动作阶段：

◎ 挺胸收腰直背，以股四头肌的力量向上伸髋伸膝，直至伸直双腿。

◎ 向上阶段要挺胸抬头，直腰直背，上体始终保持正直。

图 3-101　颈前深蹲

（三）史密斯架颈后深蹲（图 3-102）

主要锻炼肌肉：股四头肌、臀大肌、腘绳肌。

图 3-102　史密斯架颈后深蹲

预备姿势：

站在史密斯架中间，自然站立，两脚与肩同宽，脚尖略向外，两手宽于肩握杠铃放于上斜方肌上，两脚稍靠前，收紧腰腹，挺胸直腰。

向下动作阶段：

◎ 吸气，头部稍微抬起，两眼始终注视前方，直腰直背，上体尽量保持不动始终做垂直向下，屈髋、屈膝缓慢控制下蹲。

◎ 确保下蹲时膝关节的方向同脚尖的方向一致，蹲至大腿平行或稍低于地面成全蹲位置为止（大小腿夹角小于 90 度），稍停。

向上动作阶段：

◎ 挺胸收腰直背，以股四头肌的力量向上伸髋伸膝，直至伸直双腿。

◎ 向上阶段要挺胸抬头，腰背收紧，保持身体稳定。

（四）史密斯架颈前深蹲（图 3–103）

主要锻炼肌肉：股四头肌、臀大肌、腘绳肌。

图 3–103　史密斯架颈前深蹲

预备姿势：

站在史密斯架中间，自然站立，两脚与肩同宽，脚尖略向外。两手正手握杠铃，向上抬手肘，将杠铃放在颈前上胸和两肩三角肌前束处，抬头挺胸，直腰挺背，目视前方。

向下动作阶段：

◎ 吸气，头部稍微抬起，两眼始终注视前方，直腰直背，上体尽量保持不动始终做垂直向下，屈髋、屈膝缓慢、有控制地下蹲。

◎ 确保下蹲时膝关节的方向同脚尖的方向一致，蹲至大腿平行或稍低于地面成全蹲位置为止（大小腿夹角小于 90 度），稍停。

向上动作阶段：

◎ 挺胸收腰直背，以股四头肌的力量向上伸髋伸膝，直至伸直双腿。

◎ 向上动作阶段要挺胸抬头，直腰直背，保持身体稳定。

（五）45 度角上斜腿举（图 3–104）

主要锻炼肌肉：股四头肌、臀大肌、腘绳肌。

图 3–104　45 度角上斜腿举

预备姿势：

坐在上斜腿举练习器上，上体仰卧并靠紧背垫，双脚与肩同宽，脚尖略向外平踏在脚踏板上。两手于体侧固定手柄，大腿与小腿的夹角在 90 度左右，放开安全阀。

向上动作阶段：

◎ 动作开始时，以股四头肌的收缩力缓慢向上推起脚踏板至两腿伸直，稍停。

◎ 向上运动时，整个脚掌都要受力，脚跟不能离开踏板。

向下动作阶段：

◎ 屈髋、屈膝，以股四头肌的控制力均匀、缓慢下落，至预备姿势，放下安全阀。

◎ 下放至大腿与小腿的夹角在 90 度左右，保证股四头肌始终处于紧张状态。

（六）哑铃箭步蹲（图 3–105）

主要锻炼肌肉：股四头肌、臀大肌、腘绳肌以及内收肌群。

预备姿势：

两脚自然开立，与肩同宽，两手各持一个哑铃，两臂自然下垂于体侧。两腿一脚向前，一脚向后，呈前后站立姿势，抬头挺胸收腹，目视前方。

图 3–105　哑铃箭步蹲

向下动作阶段：

◎ 躯干保持不动，上身垂直于地面，重量均匀分布在两腿上，前后腿同时屈膝下蹲，前腿小腿垂直地面，后腿尽量伸展膝关节不触地，稍停。

◎ 下蹲速度要缓慢，身体要保持平衡。

向上动作阶段：

◎ 抬头挺胸保持身体重心稳定，两腿同时集中用力缓慢向上伸直双腿。

◎ 上身挺直，身体尽量不要左右晃动。

（七）杠铃箭步蹲（图 3–106）

主要锻炼肌肉：股四头肌、臀大肌、腘绳肌以及内收肌群。

图 3–106　杠铃箭步蹲

预备姿势：

自然站立，两脚与肩同宽，两手持杠铃放于上斜方肌，两腿呈前后站立姿势，抬头挺胸收腹，目视前方。

向下动作阶段：

◎ 躯干保持不动，上身垂直于地面，重量均匀分布在两腿上，前后腿同时屈膝下蹲，前腿小腿垂直地面，后腿尽量伸展膝关节不触地，稍停。

◎ 下蹲速度要缓慢，身体要保持平衡。

向上动作阶段：

◎ 抬头挺胸保持身体重心稳定，两腿同时集中用力缓慢向上伸直双腿。

◎ 上身挺直，保持杠铃平衡，防止左右摇摆。

（八）直腿硬拉（图 3–107）

主要锻炼肌肉：腘绳肌、臀大肌。

图 3–107　直腿硬拉

预备姿势：

自然站立，两脚与肩同宽，两手握持杠铃，握距略宽于肩，上臂贴近身体两侧，身体微微前倾，抬头挺胸，直腰直背。

向下动作阶段：

◎ 动作开始时，保持挺胸抬头，腰背收紧，挺直躯干，身体缓慢前倾，臀部略向后移，伸直双膝不要弯曲，直至躯干与地面平行，稍停。

◎ 两腿始终伸直，膝关节略屈，不能含胸弓腰。

向上动作阶段：

◎ 保持腰背部挺直，集中腘绳肌的力量带动身体缓慢向上，臀部向前移，至身体直立握杠铃于体前。

◎ 动作平稳上升，不要使用猛力。

（九）坐姿腿屈伸（图 3–108）

主要锻炼肌肉：股四头肌。

图 3–108　坐姿腿屈伸

预备姿势：

坐垫调整到合适的位置，坐在腿屈伸练习器上，腰背靠紧靠板，两手于体侧抓握固定手柄。大腿贴于凳面，小腿屈膝下垂，双脚踝前部靠紧挡托。

向上动作阶段：

◎ 以股四头肌的收缩力向上伸小腿至膝关节平直状态，使股四头肌达到最大收缩，稍停。

◎ 上行动作时背部要紧贴靠板不能离开，臀部不能向上抬起。

向下动作阶段：

◎ 在股四头肌的控制下，缓缓放下重物至初始位置。

◎ 下放动作要缓慢，肌肉始终有张力，不能放松。

（十）俯卧腿弯举（图 3–109）

主要锻炼肌肉：腘绳肌、腓肠肌。

预备姿势：

俯卧在腿弯举练习器上，两手握住固定把手，调整身体的位置使膝关节刚好超过板面，双脚踝后部贴紧挡托。

向上动作阶段：

◎ 保持身体不动，以腘绳肌的力量屈小腿，使小腿尽量向臀部靠近，直至最大收缩位置，稍停。

◎ 练习时臀部不能抬起，保证身体稳定。

图 3-109　俯卧腿弯举

向下动作阶段：

◎ 以腘绳肌的控制力缓慢向后下落至开始位置。

◎ 整个练习保持肌肉始终有张力，不能有惯性。

（十一）坐姿腿弯举（图 3-110）

主要锻炼肌肉： 腘绳肌、腓肠肌。

图 3-110　坐姿腿弯举

预备姿势：

调节腿弯举器的坐垫，坐在腿弯举器上，腰背靠紧靠板，两手于体侧握住固定手柄。双膝上部靠紧挡托下部，两腿伸直，双脚脚踝后部靠紧挡托上部。

向下动作阶段：

◎ 身体不动，以腘绳肌的收缩带动小腿将横杠向后做弯举，用力收缩腘绳肌，稍停。

◎ 小腿向后用力时，背部不要晃动，臀大肌不能向上抬起。

向上动作阶段：

◎ 在腘绳肌的控制下，缓慢伸直小腿至开始位置。

◎ 要控制小腿回升的速度，太快会减弱肌肉的刺激效果。

（十二）坐姿器械夹腿（图 3–111）

主要锻炼肌肉：大腿内收肌群（大收肌、长收肌、短收肌、股薄肌、耻骨肌）。

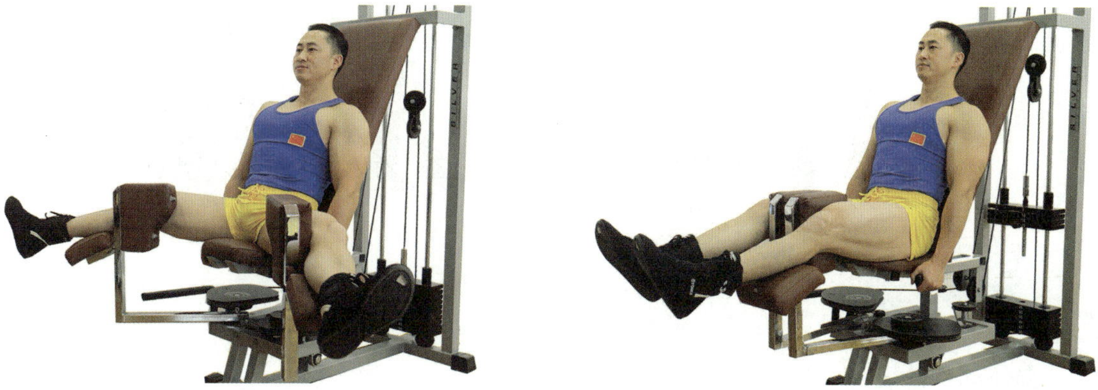

图 3–111　坐姿器械夹腿

预备姿势：

坐在内收训练器的坐垫上，双膝关节内侧靠紧挡托，上体挺直靠在背板上，两手握住两侧固定手托，两大腿充分外展，使内收肌群充分拉伸。

向内动作阶段：

◎ 身体不动，以内收肌的收缩力使左右双膝向内靠拢，稍停。

◎ 无猛力、爆发力。

向外动作阶段：

◎ 以内收肌的控制力缓慢、流畅、有控制地外展至最大幅度，稍停。

◎ 整个过程动作平稳，内收肌始终处于持续张力状态。

（十三）站姿单腿内收（图 3–112）

主要锻炼肌肉：大腿内收肌群（大收肌、长收肌、短收肌、股薄肌、耻骨肌）。

预备姿势：

以左腿为例。自然站立，左侧面对器械，左脚踝固定绳索档把，左手扶在器械固定手柄上，抬头挺胸，直腰直背，目视前方，左腿呈外展状态。

向内动作阶段：

◎ 集中大腿内收肌群的收缩力带动左腿向右侧靠近，直至不能再收缩为止，稍停。

◎ 在向内收缩时，腰背要尽量挺直不要晃动，大腿不要借助于惯性回来摆动。

图 3–112　站姿单腿内收

向外动作阶段：

◎ 集中大腿内收肌群的张力缓慢带动左腿回到起始位置，稍停。

◎ 左腿尽量外展，增大收缩幅度。

第九节　小腿训练动作

一、小腿解剖结构及功能分析

（一）前侧肌群

前侧肌群包括胫骨前肌、踇长伸肌和趾长伸肌（图 3–113）。胫骨前肌位于胫骨前面外侧浅层，为三角形的长肌。起于胫骨体外侧面，止于内侧楔骨内侧面和第 1 跖骨底。前侧肌群近固定收缩时，使足在踝关节处伸、内翻。远固定时，使小腿在踝关节处伸。踇长伸肌位于胫骨前肌和趾长伸肌之间，起于腓骨内侧面的中部和小腿骨间膜，止于踇趾远节趾骨底。踇长伸肌近固定时，使趾伸，并使足伸和内翻。远固定时，使小腿在踝关节处伸。趾长伸肌位于胫骨前肌外侧。起于腓骨前面、胫骨内侧面上 2/3 和小腿骨间膜，止于第 2 ~ 5 足趾的中节和远节趾骨底。趾长伸肌近固定时，使足伸和外翻，并伸第 2 ~ 5 趾。远固定时，使小腿在踝关节处伸。

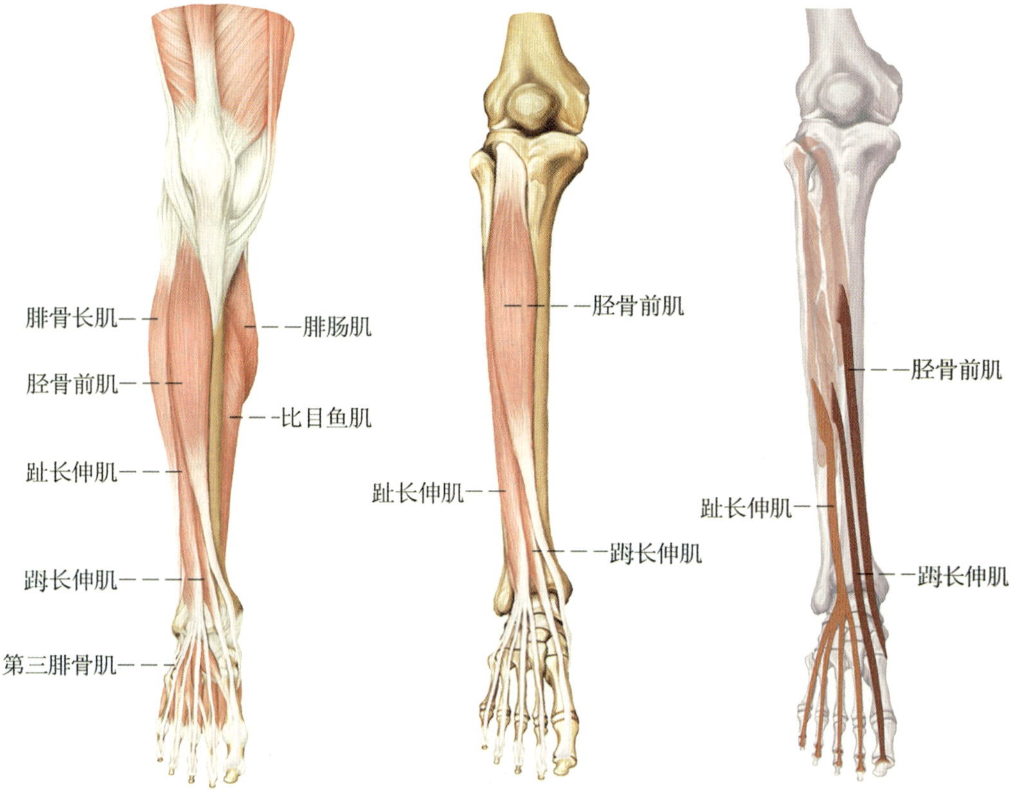

图 3–113　小腿前侧肌群解剖结构

（二）后侧肌群

后侧肌群包括腓肠肌、比目鱼肌、胫骨后肌、蹈长屈肌和趾长屈肌（图 3–114）。腓肠肌内、外侧头分别起于股骨内、外侧髁后面，比目鱼肌起于胫、腓骨后面上方，两肌肌腹在小腿中部合并向下形成跟腱，止于跟骨结节。腓肠肌、比目鱼肌近固定时，使小腿在膝关节处屈，使足在踝关节处屈。远固定时，使小腿在踝关节处屈，腓肠肌可拉大腿下端向后，协助伸膝维持人体直立。

趾长屈肌位于胫骨后肌内侧，为羽状肌。起于胫骨后面中部，肌腱经内踝后方转至足底，止于第 2–5 趾的远节趾骨底。趾长屈肌近固定时，使足在踝关节处屈、屈第 2–5 趾，并协助足内翻。远固定时，使小腿在踝关节处屈，维持足尖站立姿势。蹈长屈肌位于胫骨后肌外侧，为羽状肌。起自腓骨体后面下方，长腱经内踝后方转至足底，止于蹈趾远节趾骨底。蹈长屈肌近固定时，使足在踝关节处屈、屈趾，并协助足内翻。远固定时，使小腿在踝关节处屈，维持足尖站立姿势。胫骨后肌位于小腿三头肌深层，为羽状肌。起于胫、腓骨后面和小腿骨间膜，经内踝后方转至足底，止于足舟骨和内侧、中间及外侧楔骨。胫骨后肌近固定时，使足内翻，并协助足在踝关节处屈。远固定时，使小腿在踝关节处屈，保持足尖站立，是维持足弓的重要肌肉之一（图 3–115）。

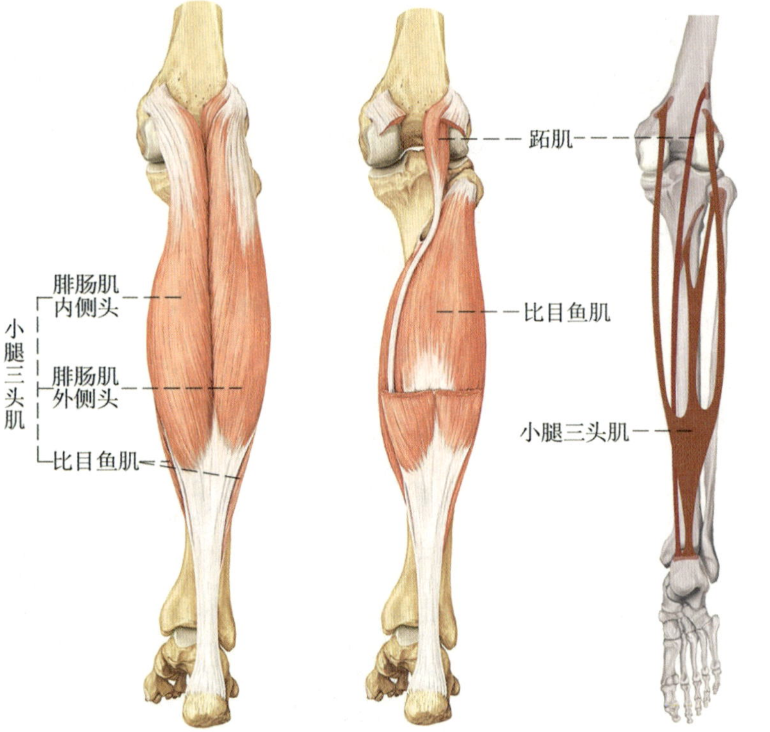

图 3–114　腓肠肌和比目鱼肌解剖结构

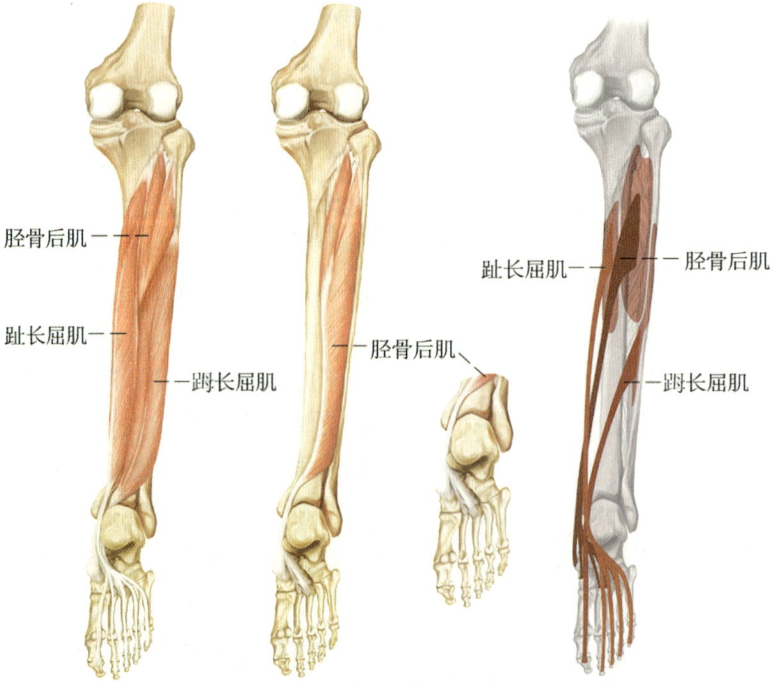

图 3–115　小腿后侧深层肌群解剖结构

（三）外侧肌群

外侧肌群包括腓骨长肌和腓骨短肌（图 3–116）。腓骨长肌位于小腿外侧浅层，为单羽肌。起于腓骨体的外侧面上部，肌腱经外踝后方转至足底，止于内侧楔骨和第 1 跖骨。腓骨长肌近固定时，使足外翻，并协助足在踝关节处屈。远固定时，使小腿在踝关节处屈，参与维持足尖站立和维持足弓。腓骨短肌位于腓骨长肌深层，为羽状肌。起于腓骨体下部，肌腱经外踝转至足底，止于第 5 跖骨底。腓骨短肌近固定时，使足外翻，并协助足在踝关节处屈。远固定时，使小腿在踝关节处屈，参与维持足尖站立和维持足弓。

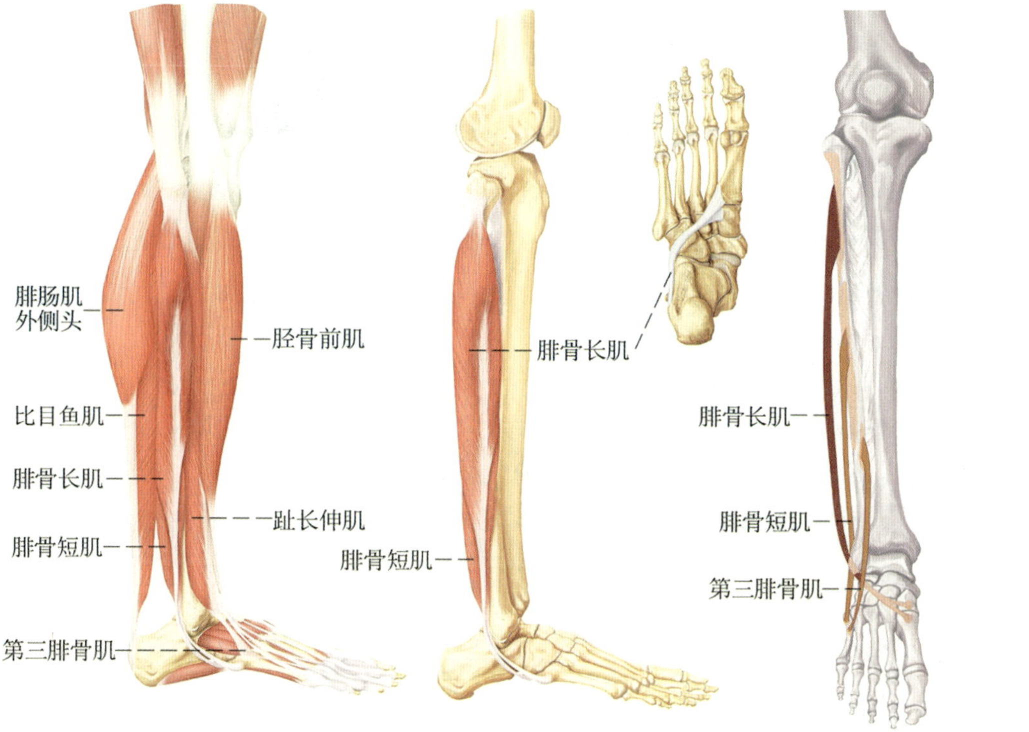

图 3–116　小腿外侧肌群解剖结构

二、小腿训练动作

（一）站姿提踵（图 3–117）

主要锻炼肌肉：腓肠肌、比目鱼肌。

预备姿势：

自然站立于地面或站立于杠铃片上，前脚掌着杠铃片，后脚跟悬空，两手持哑铃或肩上负重。

图 3–117　站姿提踵

向上动作阶段：

◎ 保持身体平衡稳定，膝关节伸直，尽可能高地向上提起脚后跟，用力收缩腓肠肌和比目鱼肌，稍停。

◎ 动作要均匀、缓慢，动作幅度大。

向下动作阶段：

◎ 脚后跟缓慢往下落至最低限度，充分伸展小腿肌群。

◎ 练习时下降速度要缓慢，有控制。

（二）坐姿提踵（图 3–118）

主要锻炼肌肉：比目鱼肌。

图 3–118　坐姿提踵

预备姿势：

身体正直坐在长凳上，两脚掌踏在地上或杠铃片上，抬头挺胸，收腹直腰，双腿并拢。可在大腿上放置负重物或杠铃以增加练习难度，两手扶重物使其不要滑动，保证安全。

向上动作阶段：

◎ 保持身体不动，以小腿三头肌的收缩力尽可能高地向上提起脚后跟，达到小腿三头肌的顶峰收缩后，稍停。

◎ 不要使用冲击式动作，收缩时达到最大幅度。

向下动作阶段：

◎ 在小腿三头肌的控制下缓慢下落，使小腿肌群得到充分伸展。

◎ 下落速度要缓慢，伸展幅度要大。

（三）机械架提踵（图 3–119）

主要锻炼肌肉：腓肠肌、比目鱼肌。

图 3–119 机械架提踵

预备姿势：

站立于提踵器械上，两手握住把手，将阻力杆放于肩上，身体自然站立，膝关节要伸直，直腰直背。

向上动作阶段：

◎ 保持身体稳定，膝关节伸直，尽力向上提起脚后跟，至小腿三头肌的顶峰收缩后，稍停。

◎ 动作要均匀、缓慢，收缩幅度大。

向下动作阶段：

◎ 脚后跟缓慢往下落至最低限度，充分伸展小腿肌群。

◎ 练习时不能突然下落，要有控制，速度要慢，膝关节不能弯曲。

（四）坐姿器械屈踝（图 3–120）

主要锻炼肌肉：腓肠肌、比目鱼肌。

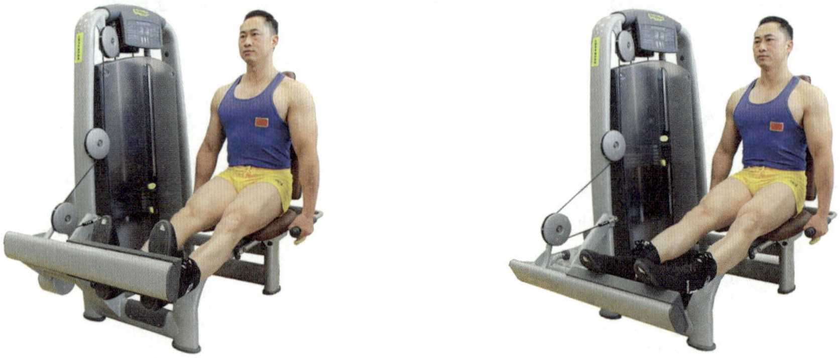

图 3–120　坐姿器械屈踝

预备姿势：

◎ 调整好合适的座椅位置，坐于小腿屈伸器的固定靠椅上，双脚前脚掌蹬于踏板上，两腿伸直。

◎ 两手扶器械两侧的固定手柄，收腹紧腰，保持身体的稳定。

向前动作阶段：

◎ 动作开始时，利用小腿腓肠肌和比目鱼肌的力量有控制地做屈踝动作，使小腿肌群处于最大收缩位，暂停。

◎ 动作缓慢，整个过程动作要控制。

向后动作阶段：

◎ 缓慢收缩伸踝肌群，尽力拉长腓肠肌和比目鱼肌。

◎ 由于该动作是在近固定的情况下完成的，腓肠肌和比目鱼肌可以获得不同方式的刺激效果。

（五）坐姿绳索伸踝（图 3–121）

主要锻炼肌肉：胫骨前肌、长伸肌和趾长伸肌。

预备姿势：

坐于垫上，身体前面固定一条弹力带，双脚或单脚背固定弹力带一端。

向后动作阶段：

◎ 动作开始时，利用腿前侧肌群的力量有控制地做伸踝动作，使小腿前侧肌群处于最大收缩位，暂停。

◎ 动作缓慢，整个过程动作不能太快，主动收缩小腿前侧肌群。

图 3–121　坐姿绳索伸踝

向前动作阶段：

◎ 缓慢有控制地伸直脚背，尽力拉长小腿前侧肌群。

◎ 弹力带要固定好脚背，防止滑脱。

思考题

1. 胸大肌、背阔肌、三角肌、肱二头肌、肱三头肌、臀大肌、股四头肌、腘绳肌、比目鱼肌和腓肠肌有哪些解剖学功能？根据肌肉的功能列举出相应的训练动作。

2. 描述平卧杠铃卧推、俯立杠铃划船、坐姿杠铃推举、颈后深蹲、屈腿硬拉、仰卧卷腹动作的技术要领。

第四章　全身各部位肌肉拉伸动作

本章提要

- 拉伸训练的定义
- 拉伸训练的作用
- 主动拉伸和被动拉伸的基本方法
- 各部位肌肉拉伸动作方法

第一节 拉伸的分类及作用

拉伸是指为了增加关节的柔韧性和灵活度，运用外力使肌肉组织短缩或延长。柔韧性是指关节的活动范围，能够提高身体基本运动能力，使身体以最佳的状态更有效地完成日常生活中的各种身体动作和体力活动，是所有动作训练的基础，也是构成健康体能的主要素质之一。柔韧性训练是训练计划的重要组成部分，是一种独立的训练，而不是仅仅用于热身或放松。

一、拉伸的分类

（一）静态拉伸

静态拉伸是指用缓慢的动作在肌肉放松的同时进行牵拉，拉伸到感觉不适的临界点并保持 10 ~ 30 秒。这种拉伸由于动作缓慢，牵拉反射不易发生。静态拉伸可以使肌肉受损伤的危险最小化并且拉伸效果明显。

（二）动态拉伸

动态拉伸是通过快速摆动肢体，将身体的各部分活动范围拉伸至尽可能大的幅度。动态拉伸常用于准备活动，练习者把需要活动开的关节逐渐从小幅度的慢速运动，过渡到大幅度的快速活动。

（三）PNF 拉伸

PNF 拉伸最初是一种放松紧张肌肉的方法，因比其他练习更能有效提高柔韧性，现在已经成为运动员和普通人提高柔韧性的练习方法。PNF 拉伸有两种类型。

1. 保持－放松技术

以拉伸腘绳肌为例。练习者将腘绳肌拉伸至关节最大活动范围末端，这时做等长收缩（收缩但没有动作产生，保持收缩）6 秒，然后练习者伸髋对抗搭档的阻力，之后练习者放松，接着由搭档进行约 20 ~ 30 秒更大幅度的被动伸展，一般重复 3 ~ 5 次。

2. 收缩－放松技术

以拉伸腘绳肌为例。练习者主动收缩屈髋肌群将腘绳肌伸展至最大幅度，这时练习者主动屈髋对抗搭档的阻力并做等长收缩（这个拉伸要保持最少 6 秒），紧接着做一个短暂的放松，再由搭档进行约 20 ~ 30 秒更大幅度的被动拉伸。做 3 ~ 4 组，每组重复 3 ~ 5次，每组之间休息 15 ~ 30 秒。

（四）主动拉伸

主动拉伸是指练习者利用自身力量或体重将肌肉拉伸至一定幅度，是主动用力进行的牵拉练习。这种拉伸方法相对来说是最安全的，因为身体的动作幅度以及用力大小由自身控制。主动拉伸时，因为动作均匀、缓慢、有控制，不易激发肌肉的牵张反射，所以它是一种简单、易行、非常有效的拉伸方法。

操作方法：主动牵拉时利用自身力量或体重将肌肉拉长，当肌肉拉伸到一定幅度时，保持 15 ~ 30 秒，每组重复 3 ~ 4 次，每次做 3 ~ 5 组。拉伸的关键在于动作开始到完成整个过程都要均匀缓慢，配合呼吸，并且在疼痛耐受度范围内进行。

（五）被动拉伸

被动拉伸是指在他人的帮助下利用外力进行的牵拉练习，被拉伸者不参与用力。常见的是教练员为运动员进行拉伸。

操作方法：在做被动拉伸时，通常由教练员将运动员的肢体拉伸至最大幅度，并保持 15 ~ 30 秒，每组重复 3 ~ 4 次，每次做 3 ~ 5 组。整个动作过程要均匀、缓慢、有控制，不能用猛力，两人的配合很重要。

为了能够充分拉伸，在拉伸之前先要进行准备活动。在一些特定的运动中，参与的主要肌肉（包括拮抗肌）都应该在训练前后进行拉伸。拉伸到关节活动范围的极限即可，而不是要出现疼痛点，如有任何的不适或者疼痛就应该停止拉伸。

二、拉伸的作用

关节活动范围受到骨性结构和关节周围组织的限制，关节周围组织包括关节囊、韧带、肌腱和肌肉等，大多数的拉伸练习主要是针对这些组织的牵拉。科学有效的拉伸训练可以预防运动损伤和缓解肌肉酸痛，提升身体意识，促进血液流通和精神放松，缓解颈、肩、腰、腿关节疼痛。拉伸对提高神经、肌肉效率并减少体位不平衡有重要作用，从而使运动表现达到最佳。拉伸的主要作用如下：

◎ 改善或恢复关节的活动范围。

◎ 保证完成正确技术动作。

◎ 调整体形体态，塑造优美身材。

◎ 减少受伤的风险。

◎ 降低运动后肌肉的紧张度和减轻训练后肌肉酸痛，有利于机能恢复。

第二节　全身各部位肌肉拉伸动作

一、三角肌拉伸动作

（一）三角肌主动拉伸动作

1. 三角肌前束（肩部前侧）（图 4–1）

准备姿势：

双腿屈膝、屈髋坐于垫上，两手放于身后，掌心向下，拇指向外，背挺直，两手伸直支撑上身。

动作过程：

两手向后移动并尽可能向后伸。拉伸时避免肘关节过伸。

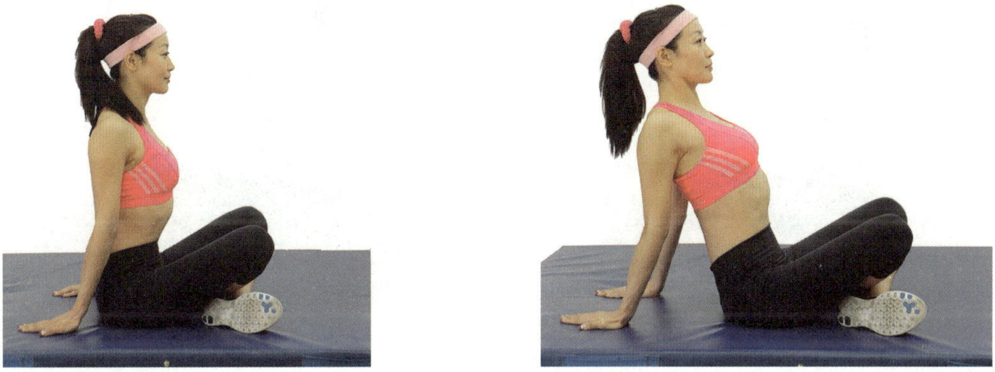

图 4–1　三角肌前束主动拉伸

2. 三角肌中束（肩部外侧）（图 4–2）

准备姿势：

以拉伸右侧三角肌中束为例。双腿屈膝、屈髋坐于垫上。将一块毛巾卷放于右腋下，左手放在背后，肘关节屈，左手握住右手腕关节。

动作过程：

将右前臂尽可能向左侧拉伸，保持身体稳定，上身不能侧屈。左右交替进行。

3. 三角肌后束（肩部后侧）（图 4–3）

准备姿势：

以拉伸左侧三角肌后束为例。双腿屈膝、屈髋坐于垫上。左手伸直向前，拇指向下，右手从下握住左肘。

动作过程：

将左上臂拉向右肩，上身不能转动，双肩保持水平。左右交替进行。

图 4-2　三角肌中束主动拉伸

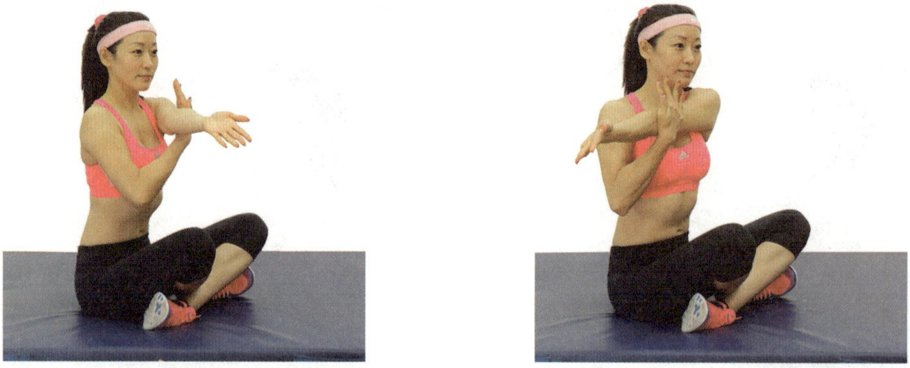

图 4-3　三角肌后束主动拉伸

（二）三角肌被动拉伸动作

1. 三角肌前束（肩部前侧）（图 4-4）

准备姿势：

练习者双腿屈膝、屈髋坐于垫上，两手放于身后。教练员站在练习者的身后，两手握住其上臂下端（近肘关节处）。

动作过程：

动作开始时，教练员将练习者的两手向后、向上拉伸。动作均匀、缓慢、有控制。

图 4-4　三角肌前束被动拉伸

2. 三角肌中束（肩部外侧）（图 4-5）

准备姿势：

以拉伸右侧三角肌中束为例。练习者双腿屈膝、屈髋坐于垫上，左手置于胸前，右腋下夹一毛巾卷。教练员采用跪姿位于练习者左侧，左手扶住其左肩部以固定身体，右手握住其右手腕。

动作过程：

动作开始时，教练员左手用力向左侧拉伸练习者右前臂。动作均匀、缓慢、有控制。左右交替进行。

图 4-5　三角肌中束被动拉伸

3. 三角肌后束（肩部后侧）（图 4-6）

准备姿势：

以拉伸左侧三角肌后束为例。练习者双腿屈膝、屈髋坐于垫上，左手伸直置于胸前，上臂成内旋状，右手撑于垫上。教练员采用单腿跪姿位于练习者右后侧，左手固定其肩胛骨，右手握住其左肘关节体。

动作过程：

动作开始时，教练员右手用力向右侧拉伸练习者左前臂，并保持上臂水平。动作均匀、缓慢、有控制。左右交替进行。

图 4–6　三角肌后束被动拉伸

二、肱二头肌拉伸动作

（一）肱二头肌主动拉伸动作（图 4–7）

准备姿势：

以拉伸右侧肱二头肌为例。自然站立，两脚与肩同宽。右臂水平外展 90 度，掌心向后握住器械或放于低于肩的支撑物上，大拇指向下。以右肩关节为轴，身体向左转 90 度，右手部位始终保持不变。

图 4–7　肱二头肌主动拉伸

动作过程：

屈膝降低身体高度，使右臂逐渐增加后伸幅度，感觉肱二头肌强烈拉伸感。左右交替进行。

（二）肱二头肌被动拉伸动作（图 4–8）

准备姿势：

练习者双腿屈膝、屈髋坐于垫上，两手后伸，大拇指向下。教练员采用单腿跪姿位于练习者身后，两手分别握住其两侧手腕。

动作过程：

动作开始时，教练员两手用力向后、向上拉伸练习者肱二头肌，直到练习者有强烈拉伸感。动作均匀、缓慢、有控制。

图 4–8　肱二头肌被动拉伸

三、肱三头肌拉伸动作

（一）肱三头肌主动拉伸动作（图 4–9）

准备姿势：

以拉伸右侧肱三头肌为例。双腿屈膝、屈髋坐于垫上，保持上体挺直，右侧上臂向上抬起，肘关节屈，左手扶住右侧肘关节。

动作过程：

拉伸时保持上身不动，左手将右侧肘关节缓慢向后拉伸，保持屈肘。左右交替进行。

（二）肱三头肌被动拉伸动作（图 4–10）

准备姿势：

以拉伸右侧肱三头肌为例。练习者双腿屈膝、屈髋坐于垫上，身体保持稳定，右侧上臂前屈向上至矢状面内，屈前臂。教练员采用单腿跪姿位于练习者右后侧，左手握住练习者手腕，右手握住其上臂下端靠近肘关节。

动作过程：

动作开始时，教练员右手用力向后、向上推练习者肘关节，左手握住其手腕沿脊柱下拉，直到练习者有强烈拉伸感。用力过程均匀、缓慢、有控制。左右交替进行。

图 4–9 肱三头肌主动拉伸

图 4–10 肱三头肌被动拉伸

四、前臂肌群拉伸动作

（一）前臂主动拉伸动作（图 4–11）

1. 前臂屈肌（前臂前侧）

准备姿势：

以拉伸右前臂屈肌为例。双腿屈膝、屈髋坐于垫上，右臂向前伸直，掌心向上，左手握住右手手指。

动作过程：

左手用力缓慢向后拉伸右前臂屈肌，直到屈肌有强烈拉伸感。左右交替进行。

图 4–11　前臂屈肌主动拉伸

2. 前臂伸肌（前臂后侧）（图 4–12）

准备姿势：

以拉伸右前臂伸肌为例。双腿屈膝、屈髋坐于垫上，右臂向前伸直，掌心向下，左手握住右手手指。

动作过程：

左手用力缓慢向后拉伸右前臂伸肌，直到伸肌有强烈拉伸感。左右交替进行

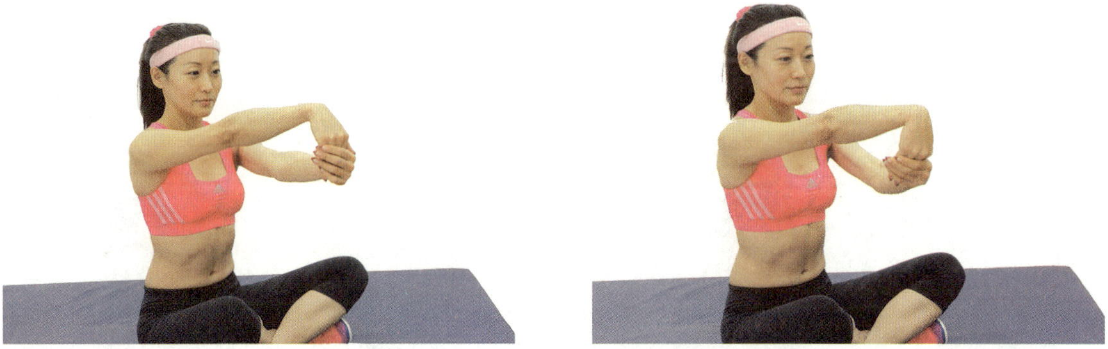

图 4–12　前臂伸肌主动拉伸

（二）前臂被动拉伸动作

1. 前臂屈肌（前臂前侧）（图 4–13）

准备姿势：

以拉伸左前臂屈肌为例。练习者双腿屈膝、屈髋坐于垫上，左手向前伸直，掌心向上。教练员采用单腿跪姿位于运动员左侧，右手掌心向上握住练习者的腕关节，左手握住练习

者的手指。

动作过程：

动作开始时，将练习者左手掌向下、向后做缓慢拉伸，直至练习者前臂屈肌出现强烈拉伸感。左右交替进行。

图 4–13　前臂屈肌被动拉伸

2. 前臂伸肌（前臂后侧）（图 4–14）

准备姿势：

以拉伸左前臂伸肌为例。练习者屈膝、屈髋坐于垫上，左手向前伸直，掌心向下。教练员采用单腿跪姿位于运动员左侧，右手掌心向上握住练习者的腕关节，左手握住练习者的手指。

动作过程：

动作开始时，将练习者左手掌向下、向后做缓慢拉伸，直至练习者前臂伸肌出现强烈拉伸感。左右交替进行。

图 4–14　前臂伸肌被动拉伸

五、胸大肌拉伸动作

（一）胸大肌主动拉伸动作（图 4–15）

准备姿势：

以拉伸左侧胸大肌为例。两腿前后分开站立，左上臂外展 90 度，屈前臂并使上臂外旋，前臂紧贴并固定于支撑面。

动作过程：

拉伸时左侧上肢位置保持不变，以左侧肩关节为轴，向右侧旋转身体拉伸胸大肌。左右交替进行。

图 4–15　胸大肌主动拉伸

（二）胸大肌被动拉伸动作（图 4–16）

准备姿势：

练习者双腿屈膝、屈髋坐于垫上，双臂弯曲置于头后。教练员站在练习者身后，大腿外侧固定练习者上身，使其上身保持稳定，两手握住练习者上臂下端靠近肘关节处。

动作过程：

动作开始时，将练习者双臂向后、向上缓慢拉伸，直至其胸大肌出现强烈拉伸感。

六、背阔肌拉伸动作

（一）背阔肌主动拉伸动作（图 4–17）

准备姿势：

以拉伸左侧背阔肌为例。双腿屈膝、屈髋坐于垫上，左臂向上伸直置于头部左侧，右手握住左手肘部。

动作过程：

动作开始时，右手用力将左上臂向右侧拉伸，同时身体向右侧屈并向右转体，拉伸背阔肌。

图 4–16　胸大肌被动拉伸

图 4–17　背阔肌主动拉伸

（二）背阔肌被动拉伸动作（图 4–18）

准备姿势：

以拉伸左侧背阔肌为例。练习者双腿屈膝、屈髋坐于垫上，左上臂向上伸直置于头部左侧。教练员采用单腿跪姿方式位于练习者右后方，左手固定其左侧骨盆，右手握住其左臂肘部。

动作过程：

动作开始时，教练员用力将练习者左上臂向右侧拉伸，同时练习者身体向右侧屈并向右转体。左右交替进行。

图 4–18　背阔肌被动拉伸

七、斜方肌拉伸动作

（一）斜方肌主动拉伸动作（图 4–19）

准备姿势：

以拉伸右侧斜方肌为例。端坐于凳上，右手握住凳子边缘，左手掌面紧贴头部右侧面。

动作过程：

动作开始时，左手用力将头部拉伸至左前方，稍停。左右交替进行。此外，还可以从不同角度拉伸斜方肌。

（二）斜方肌被动拉伸动作（图 4–20）

准备姿势：

以拉伸右侧斜方肌为例。练习者端坐于凳上，右手握住凳子边缘，教练员站于练习者右后侧，左手按住其右肩胛骨，右手掌紧贴其头部右侧面。

动作过程：

动作开始时，教练员利用右手的力量推动练习者的头部向左前方进行拉伸。用力均匀、缓慢、有控制。左右交替进行。

图 4–19　斜方肌主动拉伸

图 4–20　斜方肌被动拉伸

八、腹直肌拉伸动作

（一）腹直肌主动拉伸动作（图 4–21）

准备姿势：

俯卧在垫上，肘关节屈曲，掌心向下，支撑于地面。

动作过程：

动作开始时，用手臂的力量将上身推起至最大幅度，形成反背弓状，拉伸腹直肌，骨盆不能离开垫面。

图 4-21　腹直肌主动拉伸

（二）腹直肌被动拉伸动作（图 4-22）

准备姿势：

练习者躺在长凳上或者健身球上，两手伸向头后方。教练员位于练习者左侧面，左手掌扶其右髂骨处或大腿处，右手扶其左上臂。

动作过程：

动作开始时，教练员左手固定练习者下肢，利用右手的力量将其上身向后压向地面。用力时要均匀、缓慢、有控制。左右交替进行。

图 4-22　腹直肌被动拉伸

九、臀大肌拉伸动作

（一）臀大肌主动拉伸动作（图 4-23）

准备姿势：

以拉伸右侧臀大肌为例。盘腿坐于垫上，左腿向后侧伸直，脚背向下，右腿膝关节弯曲成直角，腰背挺直，上身转向右侧。

动作过程：

动作开始时，上身向前靠近右腿，使上身尽量靠近大腿。

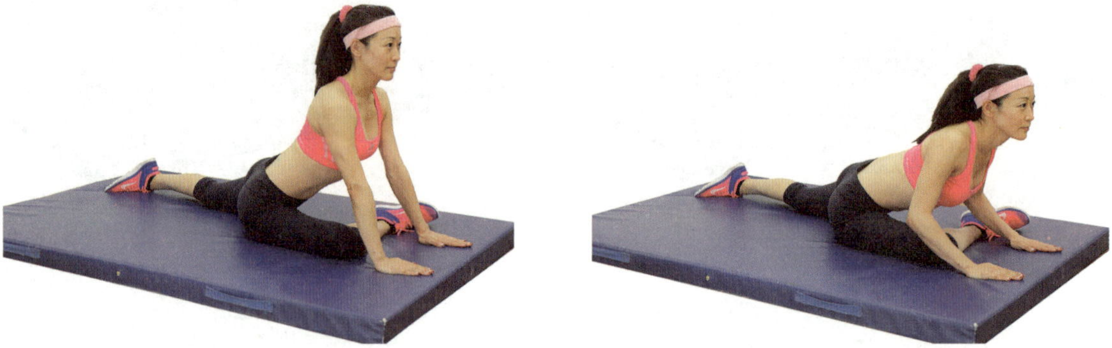

图 4-23　臀大肌主动拉伸

（二）臀大肌被动拉伸动作（图 4-24）

准备姿势：

以拉伸右侧臀大肌为例。练习者仰卧于垫上，右腿屈膝屈髋，左小腿放于右大腿上。教练员位于练习者右前方，左手扶于练习者右小腿上端靠近膝关节处，右手握住其踝关节。

动作过程：

动作开始时，教练员两手前推使练习者右腿逐渐靠近胸部。动作均匀、缓慢、有控制。要求练习者下背部不能离开垫面。左右交替进行。

图 4-24　臀大肌被动拉伸

十、股四头肌拉伸动作

（一）股四头肌主动拉伸动作（图 4–25）

准备姿势：

以拉伸右侧股四头肌为例。前后弓步，上体挺直，左腿在前，膝关节屈至 90 度，弯曲右侧小腿，右手握住右脚踝，左手扶在膝关节上，身体保持平衡。

动作过程：

右手将小腿缓慢拉伸靠近大腿，腰背挺直。左右交替进行。

图 4–25　股四头肌主动拉伸

（二）股四头肌被动拉伸动作（图 4–26）

准备姿势：

以拉伸右侧股四头肌为例。练习者侧卧在垫子上，左腿伸直，屈右小腿。教练员采用单腿跪姿位于练习者后侧，右手握住其右大腿下端靠近膝关节处，左手握住其右踝关节并轻微抬起。

动作过程：

右手用力使练习者右大腿后伸，左手用力推动其小腿向大腿后侧靠近，使练习者有充分的拉伸感。左右交替进行。

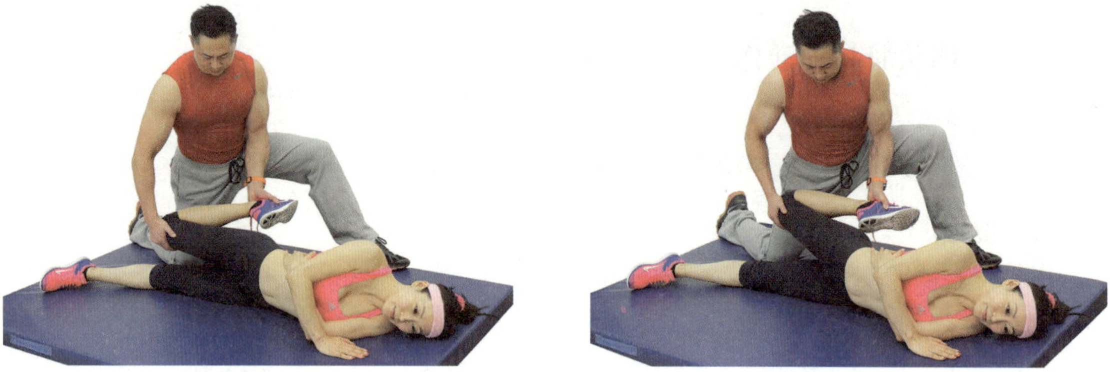

图 4–26　股四头肌被动拉伸

十一、腘绳肌拉伸动作

（一）腘绳肌主动拉伸动作（图 4–27）

准备姿势：

以拉伸左侧腘绳肌为例。端坐于垫上，左腿伸直，右腿弯曲贴于左大腿内侧，双臂伸直向前。

动作过程：

动作开始时，上身向前靠近大腿，逐渐过渡到两手握住脚尖将上身拉向前靠近大腿，整个过程腰背挺直。动作要均匀、缓慢。

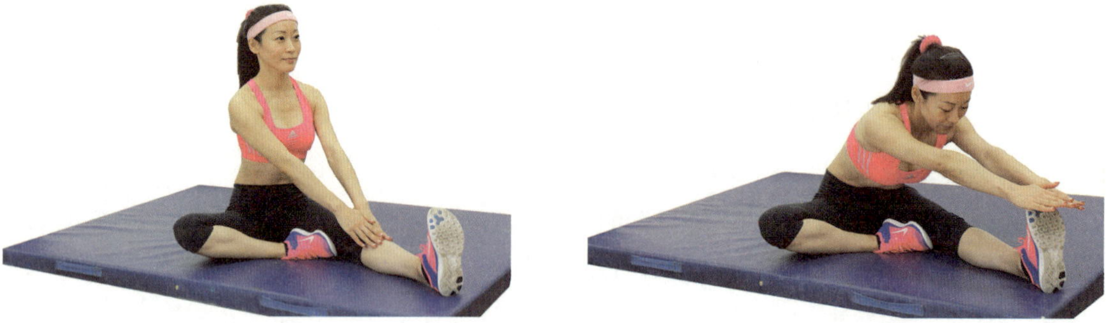

图 4–27　腘绳肌主动拉伸

（二）腘绳肌被动拉伸动作（图 4–28）

准备姿势：

以拉伸左侧腘绳肌为例。练习者仰卧于垫上，左腿伸直向上抬起至最大幅度。教练员采用单腿跪姿位于练习者左侧，两手手握住其左踝关节。

动作过程：

动作开始时，教练员利用两手的力量推动练习者左腿向躯干方向靠近，练习者左腿膝关节不能弯曲，右腿紧贴垫上。教练员动作要均匀、缓慢。左右交替进行。

图 4–28　腘绳肌被动拉伸

十二、内收肌群拉伸动作

（一）内收肌群主动拉伸动作（图 4–29）

准备姿势：

端坐于垫上，屈小腿，脚掌相对，上身挺直，两手放于双膝上。

动作过程：

动作开始时，两手用力向两侧按压双膝，拉伸大腿内侧肌群，直至内侧肌群有强烈拉伸感。

图 4–29　内收肌群主动拉伸

（二）内收肌群被动拉伸动作（图 4–30）

准备姿势：

练习者坐于垫上，屈髋、屈膝，脚掌相对。教练员采用单腿跪姿方式位于练习者左前侧，两手分别扶于其膝关节处。

动作过程：

动作开始时，教练员利用两手的力量将练习者的双腿推向两侧，拉伸内侧肌群。用力均匀、缓慢、有控制。

图 4–30 内收肌群被动拉伸

十三、腓肠肌和比目鱼肌拉伸动作

（一）腓肠肌和比目鱼肌主动拉伸动作（图 4–31）

准备姿势：

以拉伸左侧腓肠肌和比目鱼肌为例。前后弓步站立，上身挺直，两手叉腰，左腿伸直向后，全脚掌着地，脚尖向前。

动作过程：

身体重心前移，使左小腿与地面夹角减少，缓慢拉伸左小腿后侧肌群。

（二）腓肠肌和比目鱼肌被动拉伸动作（图 4–32）

准备姿势：

以拉伸左侧腓肠肌和比目鱼肌为例。练习者仰卧于垫上，教练员采用单腿跪姿位于练习者左侧，教练员左手握住练习者的踝关节处，掌心向上，右手握住其脚掌。

动作过程：

动作开始时，教练员左手固定练习者左腿，利用右手的力量均匀、缓慢、有控制地拉脚掌至躯干方向。左右交替进行。

图 4–31　腓肠肌和比目鱼肌主动拉伸

图 4–32　腓肠肌和比目鱼肌被动拉伸

思考题

1. 拉伸训练对健身健美有哪些重要作用？
2. PNF 拉伸有哪两种类型？
3. 腓肠肌和比目鱼肌拉伸动作有哪些区别？

第五章　健身健美训练方法

本章提要

- 各种健身健美训练方法的定义以及适用范围
- 各种健身健美训练方法在健身健美训练实践中的运用

健身健美训练方法是指在健身健美训练过程中以运动生理学理论为基础，通过一系列独特的超负荷和高强度训练来刺激肌肉、肌腱、韧带以及整个身体系统，使身体机能和形态发生适应性变化，为达到发达肌肉、塑造形体、减缩脂肪以及提高体能而采取的训练方法。“种瓜得瓜，种豆得豆”是对不同的训练方法对机体产生不同的训练效果十分形象的比喻。不同训练周期、不同年龄、不同体质、不同训练水平的练习者应该有计划地选择适宜自己的训练方法，避免生搬硬套，要做到灵活运用。

第一节　初级健身健美训练方法

一、渐增超负荷训练法

（一）定义

渐增超负荷训练法是指逐渐对身体增加训练负荷使机体发生适应性改变，不断提高人体机能和肌肉形态的训练方法。只有当训练的负荷超过了身体习惯的水平，训练的适应才会发生。如果长时间使用同样的负荷进行训练，身体逐渐适应了这种刺激，对其的反应就会越来越弱。必须不断提高运动负荷水平，突破机体对原有负荷的平衡状态，使机体达到一个新的负荷水平，才能促使身体的机能进一步提高。任何超负荷都是逐渐增加的，过度的负荷会使身体产生劣变，过小的负荷不能给肌肉创造良好的生长刺激，只有把握规律，给予身体适宜的负荷刺激，才能逐渐提高人体的机能水平。逐渐增加负荷的方法在任何体育训练中都适用，渐增超负荷训练法是健身健美训练的基石。

（二）适用范围

适用于发展肌肉力量和体积。

（三）案例

如果练习者现在的卧推重量是 60 千克，按照负荷增加的理论，下一阶段的训练负荷重量要在此基础上增加 5%，而不应盲目增加过多的负荷。此外，如果是初级水平者，就不能采用高级水平的训练负荷进行训练，那样会导致身体不适甚至出现损伤。

二、孤立训练法

（一）定义

孤立训练法是指在一个动作练习中，通过最大限度地减少协同肌的用力来促使主动肌承担更重要的作用，使主动肌受到专门的刺激。孤立训练法强调对目标肌肉的专门刺激，提高不同肌肉之间的分离度和改善肌肉形态。

（二）适用范围

适用于需要重点发展的肌肉或塑造肌肉形态。

（三）案例

以三角肌的训练为例，如果采用坐姿杠铃上举练习，在动作练习中涉及肩关节和肘关节，在肩关节活动中有三角肌的参与，在肘关节的活动中有肱三头肌的参与，这样不能很好地专门训练三角肌。如果采用哑铃侧平举练习，只有肩关节的活动，参与肌肉也只有三角肌，这样对三角肌的训练更有针对性。

三、多组数训练法

（一）定义

多组数训练法是指对同一块肌肉采用两组或两组以上的动作进行训练，以达到巩固技术动作和刺激不同肌纤维类型的目的，这样能够使肌肉更快生长。如果每个部位只进行一组的练习，无论是采用大重量、中等重量或是小重量，一组训练只能刺激到一种肌纤维类型，也只能促使一种类型的肌纤维生长。显然，这种训练无法刺激到具有生长潜力的其他肌纤维类型，被训练的肌肉难以发挥最大的生长潜能。多组训练全面刺激肌纤维的所有生长成分，其结果是肌肉力量和体积增加。

（二）适用范围

不同的训练阶段和不同的训练课程，根据自身的体力和所锻炼部位安排合适的训练组数。

（三）案例

不管训练的组数如何构建，训练的阶段将决定训练组数的结构。例如，在训练初级阶段，整个训练系统的组数会相对少一些，一般每个动作训练组数为 1 ~ 3 组，而到中级阶段，训练的组数增加为 3 ~ 4 组，高级阶段训练组数为 4 ~ 6 组。如果是健身健美运动员，接近比赛期，训练的组数和次数都会有比较大的变化，这完全取决于运动员的体能水平和既定目标。

四、金字塔训练法

（一）定义

金字塔训练法是指在一次训练过程中，逐渐增加每组训练重量而减少次数的训练方法。这种通过增加重量逐渐提高训练负荷的方式，一方面能够使肌肉产生更好的适应，防止运动损伤，另一方面还可以有效促进肌肉生长和力量的发展。

（二）适用范围

适用于发展最大力量和增加肌肉体积。

（三）案例

平卧杠铃卧推和哑铃侧平举的金字塔训练法举例（表 5–1）。

表 5–1　金字塔训练法举例

练习动作	组数 / 次数	最大重量百分比
平卧杠铃卧推	2/8	80
	2/6	85
	2/4	90
	2/2	95
	1/1	100
哑铃侧平举	2/16	65
	2/12	70
	2/10	75
	2/8	80

五、分部训练法

（一）定义

分部训练法是指将身体各部位肌肉根据不同阶段和不同目标的要求分成两部分、三部分、四部分、五部分、六部分或更多部分，然后对每个肌肉部位的训练进行科学设计，形成课程计划，再将计划安排在不同的训练日或者一个训练日中的不同时段进行练习的一种训练方法。分部训练法针对每个部位肌肉的锻炼强度更大，对特定部位产生的刺激更大。

（二）适用范围

适用于初级、中级以及高级各水平阶段的健身健美训练者。

（三）案例

将身体分为上肢肌肉和下肢肌肉两个部分，每次只训练一个部分。每周的第一个训练日可以用 10 个动作来锻炼上肢，这 10 个动作都可以采用很高的强度，因为刚开始时体能水平较高。然后，在下一个训练日中，用相同的强度采用 8 ~ 10 个动作，来集中锻炼下肢的肌肉。这种训练方法在相同的时间里，提高了机体负荷刺激深度。

六、阈值训练法

（一）定义

阈值训练法是指为全面发展不同类型肌纤维而变化负荷强度的一种练习方法。由于一块肌肉是由许多不同类型肌纤维构成的，不同类型的肌纤维兴奋性是不同的，每一种肌纤维类型都有自身的兴奋性阈值范围，有的阈值低，有的阈值高。因此，给予肌肉较小的刺激强度，只能动员那些兴奋性阈值较高的肌纤维。这时参加收缩的肌纤维数量较少，肌肉收缩力量也较小。如果逐渐加大刺激强度，参与收缩的肌纤维随之增多，肌肉产生的力量也增大。肌纤维的这种特性决定了对外界压力的不同响应：大重量、少次数、快速的训练动作能充分调动兴奋性阈值高的白肌纤维；小重量、多次数和较持久的训练动作能充分调动兴奋性阈值相对较低的红肌纤维。这种全面的训练方法能使骨骼肌的红肌纤维、白肌纤维、中间型肌纤维以及其他肌纤维均能得到适宜的专门刺激，从而提高其生理、生化适应水平，促进肌肉力量和肌肉体积的发展。

（二）适用范围

适用于发展肌肉力量和体积。

（三）案例

以胸大肌练习动作杠铃卧推为例，充分热身活动后，第一组做 20 次，第二组做 16 次，第三组做 12 次，第四组做 8 次，第五组做 4 次，通过重量、次数的变化使参与收缩的肌纤维类型更全面。

七、全程张力训练法

（一）定义

全程张力训练法是指在健身健美训练中，动作全过程都必须保持肌肉的持续张力，也就是要求肌肉在做动作过程中用力始终不松懈。动作无论是在向心阶段还是在离心阶段，要求动作在缓慢、流畅、有控制的前提下完成，不使用冲劲或猛力起动，动作过程无悠摆、无空档、不借助惯性，不使用爆发力，不论向心或离心收缩都要慢慢地完成，保证肌肉在动作全过程中始终受到刺激。

（二）适用范围

适用于增长肌肉力量或提高肌肉耐力。

（三）案例

在练习的初级阶段，大部分练习者对肌肉的控制较弱，动作速度过快，利用惯性完成动作。为了增加肌肉的张力和控制，可以让练习者在离心阶段以 4 ~ 10 秒的速度下降，然后以 4 ~ 10 秒的速度做向心收缩，这种练习节奏对初学者非常有效。随着肌肉控制能力的增强，再在自身能控制的前提下提高离心收缩和向心收缩的速度。

八、周期训练法

（一）定义

周期训练法是指将训练时间划分成不同的训练阶段，根据不同阶段的目标、任务，通过周期性地调整训练强度和训练量，逐步提高肌肉力量和增加肌肉体积而采取的训练方法。实践证明，周期训练法是健身健美训练中身体适应应激的最佳方法。

（二）适用范围

适用于初级、中级、高级各水平阶段的健身健美训练者。

（三）案例

建议全年训练分成 4 个季度周期，称之为大周期。每个大周期分为多个 3 ~ 6 周的中周期，并进一步分为由各个训练单元组成的小周期（1 周），还要安排适宜、及时、量化的减量或恢复周期，以保证恢复。中周期一般持续 4 周，前 3 周需要增加训练量和训练强度，第 4 周主要是恢复。小周期一般持续 1 周，前 3 天逐渐增加训练负荷，第 4 天减小训练负荷，第 5、6 天达到最大负荷，第 7 天停训休息。

第二节　中级健身健美训练方法

一、变换训练法

（一）定义

变换训练法是指通过动作技术的细节变化或改变重量、组数、次数、间歇时间、动作速度，以及利用肌肉受力角度的变化来促使肌肉产生新的生物适应，从而更加有效地挖掘肌肉的生长潜能，促进肌肉快速增长的训练方法。

（二）适用范围

适合于发展肌肉的体积。

（三）案例

三角肌根据不同的位置可分为前束、中束和后束，而前束又可分为上、中、下三部分。在执行三角肌训练计划过程中，可以在一段时间的训练之后变换动作角度有侧重地刺激肌肉的不同部分，也可以变换重量进行练习，这样可以对肌肉产生新的刺激并形成新的生理适应。

二、优先训练法

（一）定义

优先训练法是指在训练过程中通过集中强化身体薄弱部位，把最薄弱、较薄弱或需要首先改善的身体部分，放在身体能量水平最高、精力最充沛的课程前半段进行集中训练，使薄弱部分获得更快进步的一种训练方法。优先训练法实际上就是一种纠偏和强化训练法，是针对肌肉生长缓慢和肌肉发展不均衡而设计的。

（二）适用范围

适用于每次训练课需要重点强化的肌肉部位。

（三）案例

某些青少年的上身显得单薄而下肢较发达，大腿前侧发达而后群薄弱，这些肌肉发展不平衡现象需要通过优先训练法进行矫正。在健身健美训练的中级阶段，由于认识上的偏差和训练中的疏忽，有些人身体会出现多处薄弱、失衡、不匀称的细节，如胸背的失调、躯干与颈项的失衡、躯干与四肢不成比例，特别是上下肢的反差较大等等，若不及时纠正，身体就会失衡，严重违背健身健美运动的目标。这时，即可用优先训练法逐一突破薄弱环节，使身体全面均衡地发展。在高级阶段和赛前阶段强调精雕细琢，可使用优先训练法对平时训练较少的小肌肉群（如前锯肌、缝匠肌等）以及每部分肌肉形态的完美程度再进行重点突破、精心雕琢等。

三、折衷（兼顾）训练法

（一）定义

折衷（兼顾）训练法主要是指将增肌、减脂和提高心血管机能结合在一个课程中进行练习的一种训练方法。通常将复合动作和孤立动作结合，将轻重量和大重量组合，将杠铃、哑铃、固定器械和拉力器综合组成一个训练课程，通过对训练过程各要素（重量、组数、次数、间歇时间、动作速度等）的改变，达到增肌、减脂以及提高心血管机能的目的。

（二）适用范围

适用于训练周期中的调整训练。

（三）案例

在训练的初级阶段，可以通过设计不同的训练课程全面发展练习者的体能。在训练的高级阶段，就需要考虑基本动作和孤立动作的比例、大重量和轻重量的比例、固定器械和自由器械重量的比例。此外，还应该考虑发展肌肉和减脂之间的比例，所有的课程安排都必须符合训练目标的需求，也就是在获得肌肉围度的同时其他身体机能也得到发展。

四、局部集中训练法

（一）定义

为了加强局部肌肉的刺激强度和深度，在练习过程中通过 3 ~ 4 个动作从不同角度对局部肌群进行连续的刺激，练习中间不穿插锻炼其他部位的动作，集中锻炼一个部位的肌群。这种不间断连续的肌肉收缩和伸展会使大量的血液流向目标肌肉，促使目标肌肉处于充血、膨胀的状态，有利于局部肌肉的发展。

（二）适用范围

适用于需要重点发展或强化的肌肉。

（三）案例

在锻炼胸部时，可以用杠铃卧推、上斜哑铃卧推、仰卧飞鸟和坐姿蝴蝶夹胸练习动作来集中训练，课程中安排的 3 ~ 4 个动作要连续进行，中间不休息或只有短暂休息，直至这些动作全部练完。

五、组合训练法

（一）定义

组合训练法是指用两个或两个以上不同性质的练习动作连续刺激同一肌群的组合练习，组间动作转换间歇不宜超过 10 ~ 15 秒，或者无间歇。它是针对局部肌肉的一种训练手段，是挖掘肌肉潜力、提高训练强度、加深肌肉刺激、达到肌肉充分充血的一种训练方法。组合训练法除发展主练肌群外，同时能强化肌肉辅助结构的功能，增粗血管，使肌肉的形状和线条更加清晰明显。

（二）适用范围

双组合练习动作适用于初级水平阶段练习者，多组合练习动作适用于中级和高级水平阶段练习者。

（三）案例

健身健美训练中最常见的有双组合和多组合训练法两种形式。

双组合训练法

同一部位的肌群采用两个动作进行组合训练，中间不休息或短暂休息。图 5-1 是肱三头肌双组合训练法的应用。

多组合训练法

案例一：三组合训练法（增肌周期）

同一块肌肉采用三个不同的动作进行组合训练，中间不休息或短暂休息。该方法可以使大量血液快速集中到所训练的肌肉，迅速膨胀局部肌肉，加大刺激强度，是一种有效的发达肌肉的训练方法，一般在发展肌肉体积训练期使用。图 5-2 是三角肌三组合训练法的应用。

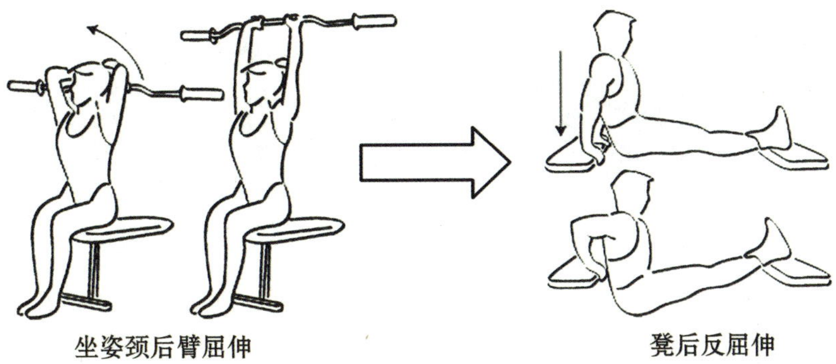

图 5-1　双组合训练法

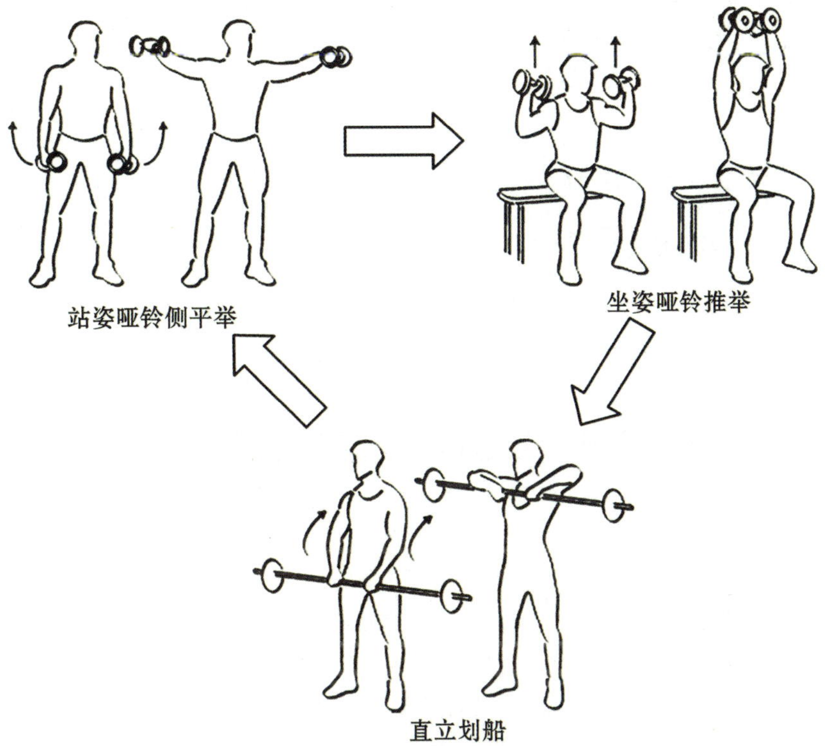

图 5-2　三组合训练法

案例二：四组合训练法（赛前周期）

这是将训练同一肌肉部位的四个动作进行组合练习，中间不休息或短暂休息，这种训练方法可以使所练肌肉部位得到全面均衡的发展。图 5-3 是胸部四组合训练法的应用。

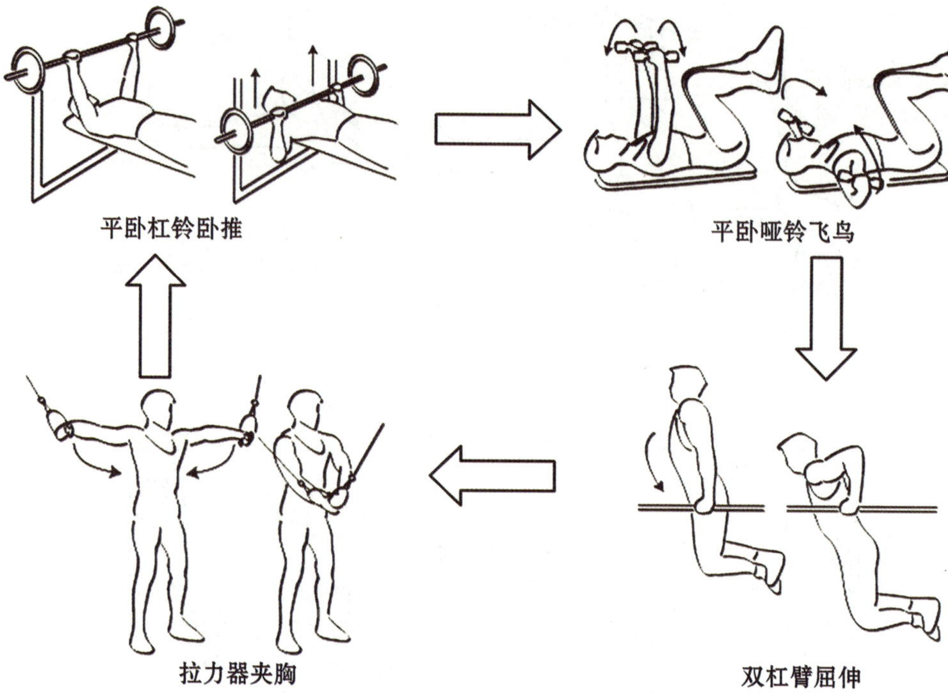

图 5-3　四组合训练法

第三节　高级健身健美训练方法

一、超级组训练法

（一）定义

超级组训练法是指将位置相近、功能相反的两部分肌肉放在同一时间内交替循环练习，一个部位一个动作，交替进行练习，两个动作之间没有休息。

（二）适用范围

适用于高级水平练习者在高强度训练周期使用。

（三）案例

站姿杠铃弯举和站姿绳索下压就是超级组训练。此外，可以使用超级组训练的肌肉还有：肱三头肌与肱二头肌、股四头肌与腘绳肌、胸部肌肉与背部肌肉、腹肌与下背部肌肉、腕屈肌与腕伸肌。

二、助力训练法

（一）定义

助力训练法是指在训练中按照正确、规范的动作要求做到力竭时，采用稍加变化的动作结构或借助协同肌群和其他部位肌群的力量再增加 1 ～ 2 次练习的一种训练方法。

（二）适用范围

适用于对重点肌肉或针对肌肉生长缓慢需要突破生长平台期时使用。

（三）案例

进行一组站立杠铃弯举练习，在完成最后几次动作时有些困难，如果使用一些身体的辅助借力动作来度过最困难的那一点，就能再多做 1 ～ 2 次，这是正确地采用了助力训练法。为了多做几次，在做杠铃卧推时将臀部抬立凳面，这显然就不是正确地采用助力训练法。因为前者增加了肌肉上所受的压力，后者增加了腰背部受伤的危险。

以站姿杠铃弯举为例，用 85% 的重量弯举 6 次后，至多只能再举到动作全程的三分之一或二分之一，此时，可利用腰背和腿的助力及前摆力量摆动躯干，以使杠铃冲越“粘滞点”，再向上收缩至最大幅度，然后缓慢回到开始位置。由于此方法破坏了动作的技术规范，因此可增做练习 1 ～ 2 次，至多 3 次，不宜过多。

三、先期疲劳训练法

（一）定义

先期疲劳训练法是指在进行局部肌肉训练时，先用一种专门动作（孤立动作）将一块肌肉训练至疲劳状态，中间不休息，然后马上进行一项多关节的一般动作（复合动作）。

（二）适用范围

通常在肌肉训练的平台期，对需要重点加强的肌肉部位训练时使用。

（三）案例

以平卧杠铃卧推为例，它是一个锻炼胸大肌的主要动作，但又必须依靠肱三头肌的协助把杠铃举起来，常见的情况是肱三头肌已经力竭而胸大肌还未到感到酸胀。在这种情况下，可以在做卧推之前，预先做一个不需要肱三头肌参与的单关节动作，如仰卧飞鸟动作，以使胸大肌预先疲劳，接着再做平卧杠铃卧推。先期疲劳训练法使用指南参见表 5–2。

表 5–2　先期疲劳训练法使用指南

身体部位	专门练习（孤立动作）	一般练习（复合动作）
股四头肌	腿屈伸	深蹲
腘绳肌	俯卧或坐姿腿弯举	直腿硬拉
背阔肌	直杠下压	俯立杠铃划船
胸大肌	平卧哑铃飞鸟	平卧杠铃卧推
三角肌	哑铃侧平举	坐姿杠铃颈前推举
肱二头肌	站姿拉力器弯举	杠铃挺肘弯举
肱三头肌	肱三头肌下压	窄握卧推

四、休息—暂停训练法

（一）定义

休息—暂停训练法指在一组抗阻力量练习过程中采用组间不同间歇时间的方式来保证每组试举更多次数的方法，这是一种非常先进的发达肌肉的训练方法。

（二）适用范围

通常适用于增长肌肉力量和发展肌肉体积的训练。

（三）案例

第一种方法是增长肌肉最大力量。选择的重量为最大重量（1RM）的 85% 以上，其形式为：3 次 +30 秒休息 +3 次 +45 秒休息 +2 次……。第二种方法是发展肌肉体积。选择的重量为最大重量（1RM）的 70% ~ 80%，其形式为：6 次 +30 秒休息 +6 次 +45 秒休息 +4 次 +60 秒休息……。

五、抗重力训练法

（一）定义

抗重力训练法是指举起重物后，在放下重物阶段时用力抵抗重物下降，使肌肉进行退让性被动收缩练习。完成退让工作的适宜时间应为 4 ~ 5 秒。一般情况是，当重物下降的时间每次低于 4 秒时，这是终止本次练习的信号。

（二）适用范围

抗重力训练法只适用于有经验的训练者或高级水平训练者，通常用于发展力量或突破力量训练平台期时使用。

（三）案例

抗重力训练法主要有以下三种方式。

第一种：超大重量训练法

在卧推练习中，使用最大重量（1RM）的 110% ~ 120% 的负荷，在同伴帮助下将杠铃抬起，然后练习者利用自身的力量缓慢地、有控制地将杠铃下降至离胸部 5 厘米处，如此反复 1 ~ 2 次。

第二种：最大重量训练法

在卧推练习中，使用 100% 最大重量（1RM）的负荷，在同伴帮助下将杠铃抬起，然后练习者利用自身的力量控制着将杠铃下降至离胸部 5 厘米处，如此反复 2 ~ 3 次。

第三种：次最大重量训练法

在卧推练习中，使用 80% 最大重量（1RM）的负荷进行练习，做到力竭时，在同伴帮助下再抬起杠铃至顶点，然后练习者利用自身的控制力再做退让收缩训练，如此反复 3 ~ 4 次。

六、强迫次数训练法

（一）定义

强迫次数训练法是指在一次力竭训练组结束之后通过同伴的协助再完成 1 ~ 2 次额外的练习，以此突破疲劳的极限，加强对肌肉、肌腱及韧带的刺激深度，是具有强制性质的一种训练方法。

（二）适用范围

强迫次数训练法适合体能较好的训练者或高级水平训练者。不适合初级水平训练者或一度中断过训练的人，不适合在整个训练课程的每组中使用。

（三）案例

目前卧推能举起的最大重量（1RM）为 100 千克，选择做一组 8 次的杠铃卧推重量。按照重量和次数的关系可知，完成 8 次的负重应该是 100 千克的 80%，也就是用 80 千克进行训练，一般情况下只能做到 8 次，没有足够的能量完成 9 次或 10 次，这时，同伴立即协助练习者从力竭点举起重量，助其顺利做完另外的 1 ~ 2 次。确定强迫次数运用助力的力量是否恰到好处的一个方法是，让同伴计算推起杠铃需用的时间。例如，如果重量在不到 2 秒内推到了顶点位置，那么同伴帮助的力量过大；如果推起的时间用了 10 秒以上，那么同伴协助力量不足。

七、膨胀训练法

（一）定义

膨胀训练法是指在以正确的动作尽力做完一组的最后一次动作后，以至再不能进行全程完整动作的试举时，再做 2 ～ 3 次局部短促的不完全动作，使正在活动的肌肉充血更多并产生超量的乳酸，这种由增加充血和乳酸堆积引起的肌肉局部膨胀会导致肌肉产生强烈的灼烧感，能有效促进肌肉中毛细血管增多和肌肉组织增生。

（二）适用范围

适用于训练课中需要重点强化的肌肉部位，不宜经常使用。

（三）案例

在做引体向上动作时，当一组练习已经做到无力再完整地重复一次时，随后再连续做 2 ～ 3 次不完全半程拉伸的动作。

八、部分动作训练法

（一）定义

部分动作训练法是指将训练动作控制在完整动作范围内的某一部分进行练习，用以加强局部肌群的刺激效果，克服肌肉训练的“盲区”，满足了练习者专门化的要求。部分动作可以是运动轨迹的开始部分、中间部分或结束部分，也可以只占完整动作幅度的 1/2、1/3 或 1/4。

（二）适用范围

适用于发展肌肉力量，针对肌肉薄弱部位加以强化，雕琢肌肉形态的细节。

（三）案例

选择能完成 8 ～ 12 次的练习重量。以站立杠铃弯举为例，开始时，从起始位置至肘关节屈 90 度时做 10 次；完成后，再从肘关节 90 度位置弯举到前臂垂直地面时做 10 次；最后完整动作做 10 次。

九、快速收缩训练法

（一）定义

快速收缩训练法是指在进行肌肉负荷训练的过程中，在保证动作规范的同时，要求肌肉在快速收缩的瞬间移动重物。这种爆发式的用力方式，能够最大限度地发挥白肌纤维的作用，使肌肉力量和体积快速增长。

（二）适用范围

不宜在初级训练水平阶段使用，通常在发展最大力量训练课程以及在功能训练课程中使用。

（三）案例

这种训练方法不能用于任何轻重量的练习，只能使用在超过 80% 最大重量（1RM）的负荷训练中。要求是保持正确姿势，整个过程集中注意力使用爆发力来完成动作。

十、质量训练法

（一）定义

质量训练法是指在同一训练条件下，包括重量、组数、次数不变，利用组与组之间减少休息时间的方式来提高训练强度，在肌肉能量系统不完全恢复的前提下进行下一组练习的训练方法。这种训练方法增加了训练密度，提高了肌肉输出功率，促使肌纤维产生更强的生理适应。质量训练法对增加肌肉的清晰度和血管的显现度有较好的效果。

（二）适用范围

适用于赛前提高肌肉质量或提高肌肉清晰度。

（三）案例

在进行三角肌训练时，可以采用 50%、60%、70% 的重量进行练习，按照常规练习间歇时间为 1 ～ 2 分钟，在采用质量训练法阶段，逐渐减少组间休息时间，可以从 120 秒、90 秒、60 秒逐渐减少到 30 秒，甚至 15 秒。

十一、递减组训练法

（一）定义

递减组训练法是指当采用一定重量完成规定次数的练习至力竭时，由两旁的同伴立即从两端各取下一片杠铃；继续举到力竭时，再各取下一片杠铃；再举至力竭，如此进行下去，以一个长组的练习达到完全力竭为止。若没有同伴或教练员帮助，则可将不同重量的哑铃（如 20 千克、18 千克、16 千克、14 千克等）一字排开，进行由重到轻的连续调换试举，中间不休息。

（二）适用范围

适用于提高肌肉清晰度或赛前减脂，但每次训练时只在一种动作中可以使用这种训练方法。

（三）案例

在每一组的递减重量中，可以进行 1 ～ 3 次的减量组训练，中间不休息。不同的减量组其效果略有不同（表 5–3）。

表 5–3　杠铃卧推减量组训练法举例

一次减量组训练		二次减量组训练		三次减量组训练	
重量 / 千克	次数	重量 / 千克	次数	重量 / 千克	次数
80	8	80	8	80	8
70	8（第一次减量）	70	8（第一次减量）	70	8（第一次减量）
		60	12（第二次减量）	60	12（第二次减量）
				50	16（第三次减量）

说明：减量组次数因个体差异有所不同。

十二、静力紧张训练法

（一）定义

静力紧张训练法是指在一个负重或不负重的练习动作中，收紧相关肌肉使其固定在某个位置上，肌肉做等长收缩，保持最大的紧张度 6 ～ 15 秒，甚至更长时间，然后再重复 4 ～ 8 次的一种静力训练方法。这种持续不变的肌肉收缩训练法可提高神经系统对肌肉的控制能力以及比赛的造型表现能力，同时使在动力性练习中不易募集到的肌肉也相应地受到刺激。此外，还能使肌肉线条突出，产生强烈的视觉效果。

（二）适用范围

适宜提高动作造型表现力或发展最大力量。

（三）案例

在赛前造型动作训练中，可采用静力紧张训练法对运动员进行集体或个人造型训练，增强运动员的神经肌肉控制能力，提高运动员在赛台上的表现力。

思考题

1. 解释渐增超负荷训练法的定义并举例说明。
2. 解释金字塔训练法的定义并举例说明。
3. 解释局部集中训练法的定义并举例说明。
4. 解释超级组训练法的定义并举例说明。
5. 解释休息—暂停训练法的定义并举例说明。
6. 解释递减组训练法的定义并举例说明。

第六章　健身健美训练计划

本章提要

- 基本训练原则
- 运动测试与评估中各项指标测试的操作步骤
- 训练计划的初始目标
- 一个成功训练计划的构成要素
- 个案研究——将所学知识应用于健身健美训练实践

适宜的健身健美训练计划可以使练习者逐步接近适应潜力的极限，并在一段时间内保持最佳的运动能力。训练的目标在于执行既定的计划来刺激练习者机体产生特定的生理和心理反应，从而在特定的时间里达到特定的训练目标。在训练过程中没有什么是偶然发生的，练习者的所有反应都是训练计划设计产生的结果。一个安全有效的健身健美训练计划涉及运动解剖学、运动生理学、运动生物力学、运动医学以及运动营养学相关知识，这使得健身健美训练计划的制订变得更加复杂。教练员掌握的知识越多，就能更好地安排训练计划，训练计划产生的效果才能更加有保障。

第一节　基本训练原则

所有的训练计划都是以基本训练原则为基础，包括超负荷原则、循序渐进原则、专门化原则、个体化原则、恢复原则。科学的健身健美训练计划必须考虑这些基本的训练原则，并将这些基本原则运用到健身健美训练计划的制订中。如果一个训练计划只包含其中一种或两种训练原则，那么将不会实现练习者的目标，甚至会导致运动损伤。

一、超负荷原则

运动负荷是施加于人体的一种综合刺激，根据刺激与反应的生物学原理，在一定的生理范围内，运动负荷越大，人体的机能反应就越强烈，引起的超量恢复越明显。从运动的生物反馈机制可知，只有当训练的负荷量超过了练习者习惯的水平，训练的适应才会发生。如果练习者在一个很长时间内使用同样的训练负荷练习，人体就会产生适应，机能就不会出现实质性的变化。如果负荷太小或者停训，任何经由训练所获得的效果将会减弱。超负荷原则是所有运动训练的基础，也是整个健身健美训练系统的理论基础。

二、循序渐进原则

因为练习者的水平会随着训练的持续进行而不断提高，因此要逐渐提高训练强度以实现超量负荷的刺激，即实施的训练强度要稍微大于练习者的适应强度，以促进训练水平的进一步提高。提高训练强度要遵循循序渐进的原则，根据练习者的训练水平选择最适宜的训练负荷。初级水平阶段、中级水平阶段以及高级水平阶段的训练内容及训练负荷的安排是有区别的，负荷增加过快或过多都不利于练习者体能的提高。盲目加大负荷量或提高训练难度，不但不会带来好的训练效果，还会造成过度训练，甚至大大增加练习者受伤的风险。为了在训练中逐渐增加训练负荷，初级水平者在开始的训练中应采用预定的指导重量、按照严格的技术要求进行训练。若能达到或超过预定重复次数，就可以增加练习的重量，以此方法不断重复增加重量。

三、专门化原则

不同类型的运动将导致肌肉在力量和耐力方面发生完全不同的变化，即训练的适应性具有专门化的特征。众所周知，抗阻训练会增加肌肉的体积和力量，有氧训练能改善人体的心肺功能。训练适应对于运动类型、运动量和运动强度具有极高的专门化倾向。举重不会增进长跑运动员的耐力，而慢跑也不会增加举重运动员的力量。即使在非常相似的练习，训练效果的传递也有很大的差异。同样是力量训练，不同的训练方法和手段所产生的训练适应是不同的，有的练习可以发展最大力量，有的练习可以增加肌肉体积，有的练习可以减脂。就如同跑步练习，100 米和 5000 米的训练方法和手段完全不同。不同结构练习动作之间生物力学的巨大差别，决定了不同健身健美训练动作的适用范围和自身的局限性，例如，宽握距杠铃卧推和窄握距杠铃卧推所发展的肌肉重点是不同的。

四、个体化原则

每个人都是不同的，同样的练习动作和训练方法在不同练习者中会产生不同的效果。个体化原则可以解释为什么有些人在进行某一训练计划之后会获得非常大的进步，而有些人却在参与相同训练计划之后只获得较小的改变。现已经证明无数的企图模仿优秀运动员的训练计划都是不成功的，应该理解并创造性地应用优秀运动员训练计划所遵循的一般理念，而不是照搬它的整个训练方案。练习者需谨慎地套用一般的训练惯例，在初级水平阶段的训练差异化相对较小，而在高级水平阶段，个性化训练特征非常突出。也就是说，训练水平越高，训练的个体化程度也应该越高。

五、恢复原则

恢复原则是制订健身健美训练计划时必须考虑的重要原则。通过抗阻训练对肌肉产生刺激导致肌纤维蛋白质分解，然后通过蛋白质的超量恢复逐渐使肌肉发达起来，这就是“超负荷，超补偿”。健身健美训练的超补偿主要是指蛋白质产生的超量恢复。如果在肌肉没有充分恢复之前就再次训练，则会阻碍蛋白质超量恢复进程，肌肉的增长就会变得更加缓慢。在安排健身健美训练计划时要充分考虑个体的恢复因素，包括能量的恢复、肌肉的恢复、激素水平的恢复以及神经的恢复。

第二节　运动测试与评估

在练习者进行健身健美训练之前，首先要对身体进行全面的测试，其内容包括身高、体重、肌肉围度、体成分以及肌肉力量。在所有测试结束之后，需要把测试结果与推荐值进行对比，然后对肌肉形态和体能状况做出评估。通过测试与评估获得有关健身健美练习者的健康状况和体能数据，为制订科学的健身健美训练计划提供重要依据。

一、身体形态测量

（一）身高

身高是人体立位时的总高度，反映人体骨骼生长发育状况。通过一个人的身高与身体其他部位的围度、长度（胸围、腰围、小腿长度等）之间的关系可以间接了解其身体形态。

（二）体重

体重为人体总重量，在一定程度上反映骨骼、肌肉、脂肪和脏器的发育情况，在健身健美运动员中可反映肌肉的发达程度。体重是衡量一个人体形体态的重要指标，过胖或过瘦都会影响一个人的身体形态及健康水平。在身高一定的情况下，每个人的体重也有一定的指导范围。

男性体重（千克）= 身高（厘米）−100

女性体重（千克）= 身高（厘米）−105

（三）肌肉围度

肌肉围度反映肌肉的发达程度和饱满程度，在健身健美训练过程中，可以通过定期的围度测量来评价练习者的进步情况，据此对训练计划做出科学调整。如果再结合体成分指标则可以更加客观地评价肌肉增长情况。

1. 常用肌肉围度测量指标

（1）肩围：反映三角肌等肩带肌群的发达程度。

（2）上臂围：反映肱三头肌和肱二头肌的发达程度。

（3）前臂围：反映前臂伸肌群和屈肌群的发达程度。

（4）胸围：反映胸大肌、背阔肌以及胸廓肌肉群的发达程度。

（5）腰围：反映腰腹肌的发达程度。

（6）臀围：反映臀大肌、臀中肌以及臀小肌的发达程度。

（7）大腿围：反映股四头肌、腘绳肌以及内收肌群等大腿肌肉群的发达程度。

（8）小腿围：反映小腿腓肠肌、比目鱼肌以及胫骨前肌等小腿肌肉群的发达程度。

2. 肌肉围度测量

（1）肩围

受试者直立，挺胸抬头。测量者将软尺紧贴受试者身体两侧三角肌中部的突起点，使软尺处于水平位（图 6–1）。

（2）胸围

受试者直立，双肩放松，两上肢自然下垂，均匀、缓慢地呼吸。测量者将软尺围绕受试者胸廓一周。在背部，软尺上缘置于肩胛骨下角的下方；在胸部，软尺下缘放于乳头上缘（图 6–2）。

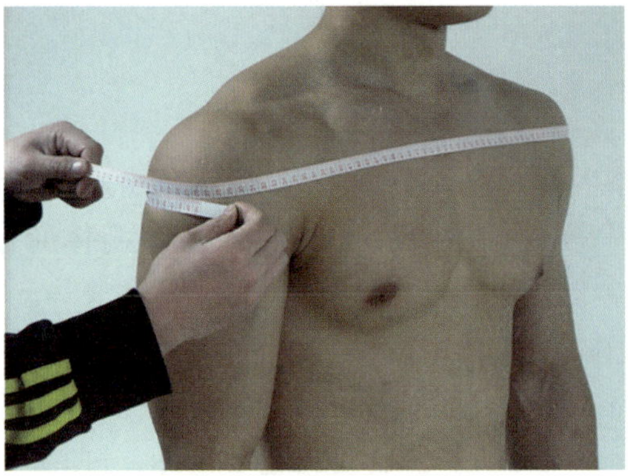

图 6–1　肩围的测量

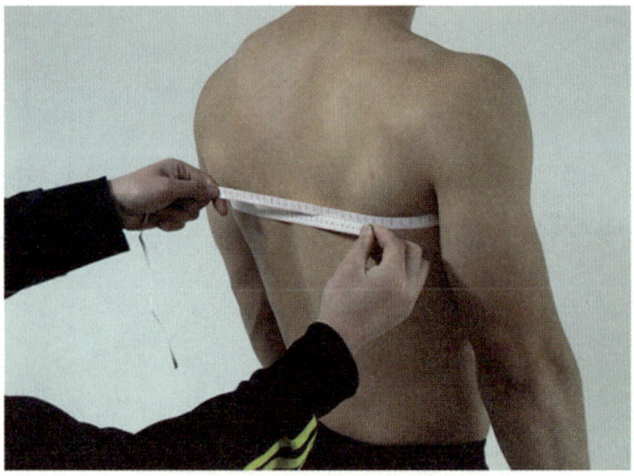

图 6–2　胸围的测量

（3）上臂围

受试者直立，上肢平举于前平举和侧平举之间，掌心向上。测量者将软尺在受试者肱二头肌最突起部位围绕一周（图 6–3）。可以测量收缩围，也可测量放松围。

（4）前臂围

受试者直立，手臂伸直于身体前面，掌心向上。测量者测量受试者前臂肌肉最大的部位（图 6–4）。

（5）腰围

受试者直立，双臂垂于两侧，两脚并拢，正常呼吸。测量者水平测量受试者腰围最细处，即脐以上剑突以下（图 6–5）。

（6）臀围

受试者直立，两脚并拢。测量者水平测量受试者臀部隆起最明显处（图 6–6）。

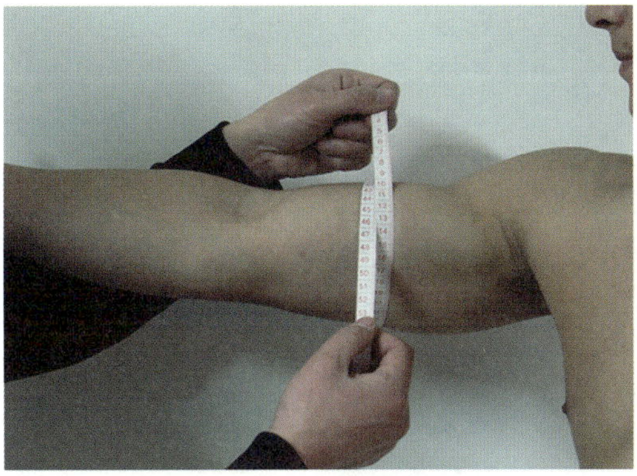

图 6–3　上臂围测量

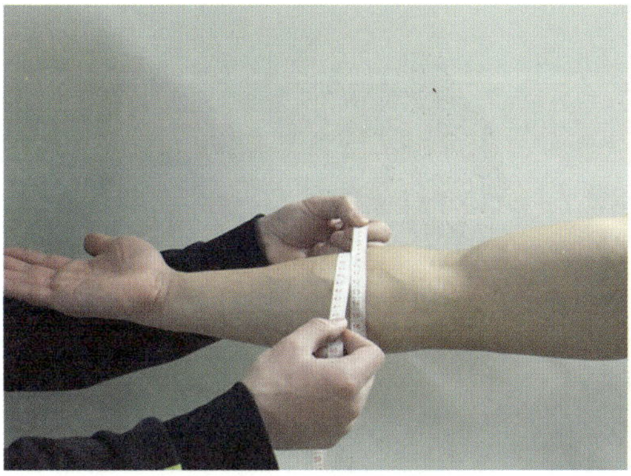

图 6–4　前臂围测量

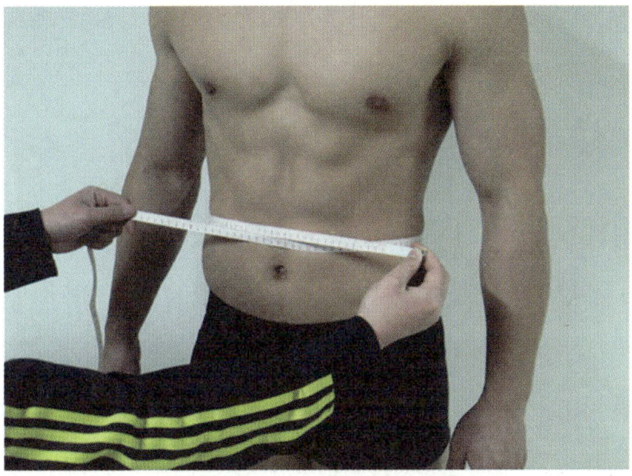

图 6–5　腰围测量

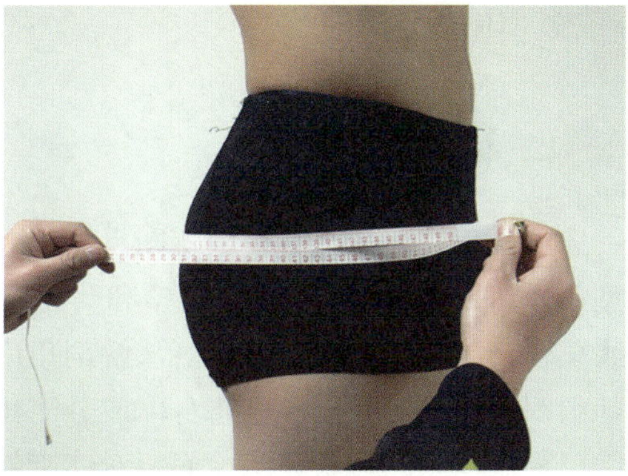

图 6–6　臀围测量

（7）大腿围

受试者直立。测量者测量受试者大腿上端接近髋部处（臀线处），注意与纵轴垂直（图 6–7）。

（8）小腿围

受试者直立（两脚分开约 20 厘米）。测量者水平测量受试者膝与踝之间围度最大处，注意与纵轴线垂直（图 6–8）。

3. 测量过程要求

（1）测量尺应是可弯曲而无弹性的带状尺。

（2）尺子应该置于皮肤表面，不能压迫皮下脂肪组织。

（3）同一部位应进行两次测量，若两次测量结果相差 5 毫米以上要再次进行测量。

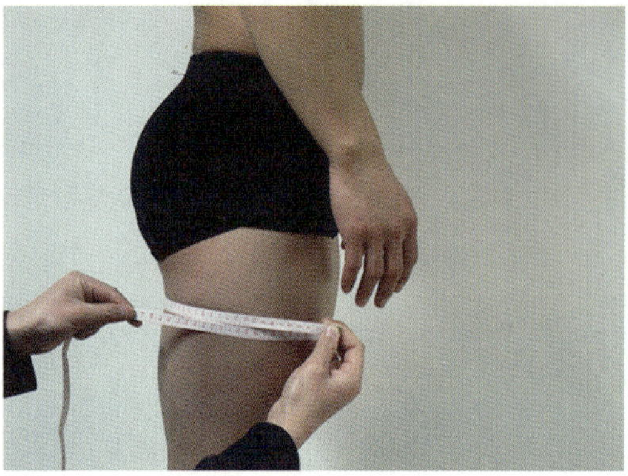

图 6–7　大腿围测量

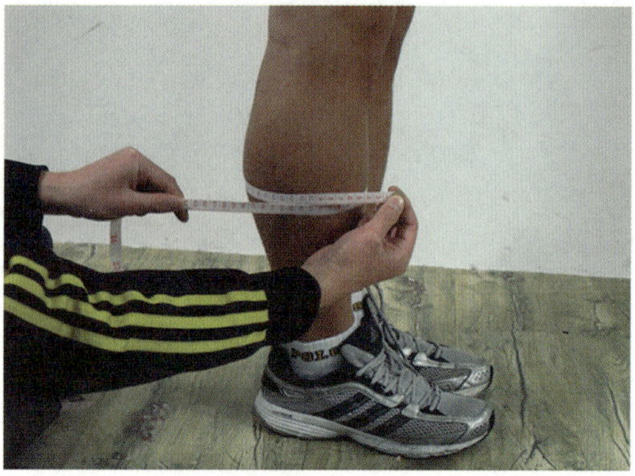

图 6–8　小腿围测量

二、体成分测试

（一）体成分的概念

体成分指在人体总重量中不同身体成分的构成比例。目前主要有三种不同的身体成分模型，分别是化学模型、解剖模型和两元素模型。从化学角度，人体成分由脂肪、蛋白质、碳水化合物、水和矿物质构成。从解剖角度，人体成分由脂肪组织、肌肉、器官、骨骼和其他组织构成。两元素模型将身体成分简化为两种成分：脂肪重量和去脂体重。脂肪重量通常以相对体脂的形式表示，而相对体脂就是脂肪组织的重量在机体全身重量中所占的百分比，而去脂体重就简单指其他所有不是脂肪的组织的重量。精确的体成分测评能够提供比体重更有价值的信息，有利于为运动员或健身健美练习者制订更有效的训练计划。

（二）皮褶厚度测试

皮褶厚度是推断全身脂肪含量，判断皮下脂肪发育情况的一项重要指标。影响皮褶厚度测试准确性的因素很多，首先是要找到合适的测量部位，这一部位必须能够反映出身体主要的脂肪含量。其次，仪器的选择也很重要，多次测试必须使用同一仪器，以免出现测量误差。再次，不同测量者也会影响最终结果。最后，用同一个测试仪器测出的结果来建立相关的测试公式，这也是很重要的。正常范围内的体型，通过仔细的皮褶厚度测量，可以看出皮下脂肪和皮脂厚度在训练前后是否有变化。由于儿童和青少年的体脂增长快，变化大，所以皮褶厚度测试对于这类人群有一定的局限性。

1. 皮褶测量部位和测量指导

（1）胸部

男性为腋前线和乳头连线的 1/2 处，女性为腋前线和乳头连线的中外 1/3 处斜捏起皮褶测量（图 6–9、图 6–10）。

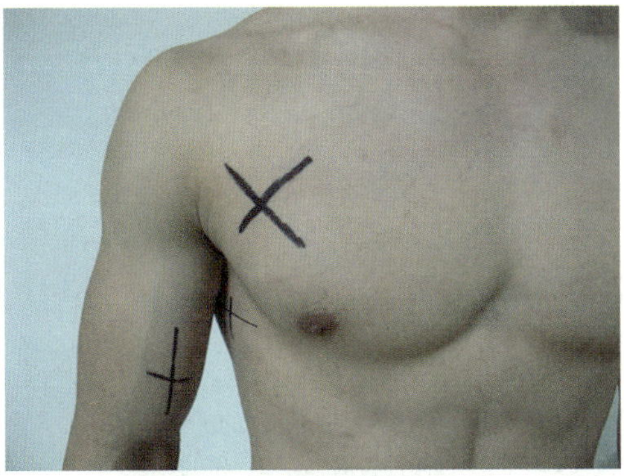
图 6–9　胸部皮褶测量位置

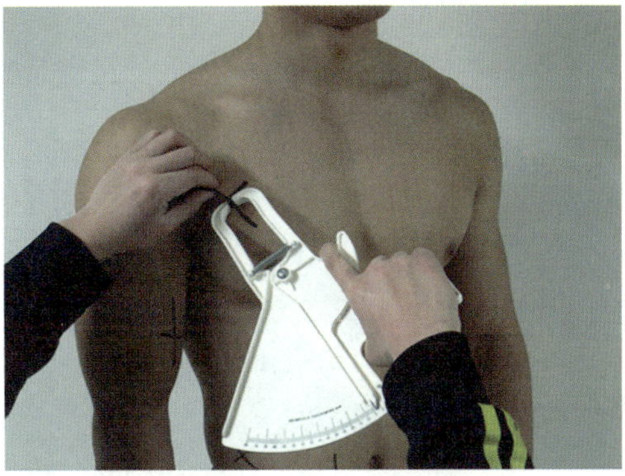
图 6–10　胸部皮褶测量手法

（2）肩胛下

肩胛下角下部 1 ~ 2 厘米处以 45 度斜捏起皮褶测量（图 6–11、图 6–12）。

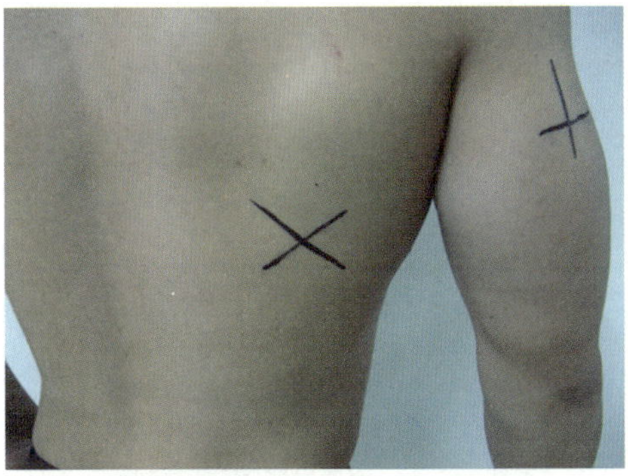
图 6–11　肩胛下皮褶测量位置

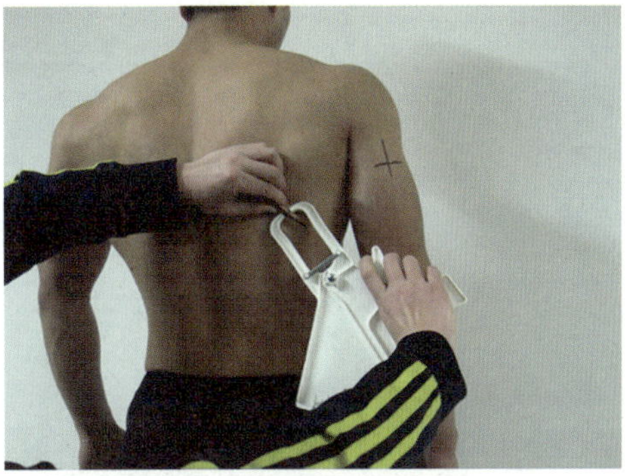
图 6–12　肩胛下皮褶测量手法

（3）三头肌

受试者手臂自然伸直下垂于身体两侧。测量者在受试者上臂后侧肩峰和鹰嘴连线的中点垂直捏起皮褶测量（图 6–13、图 6–14）。

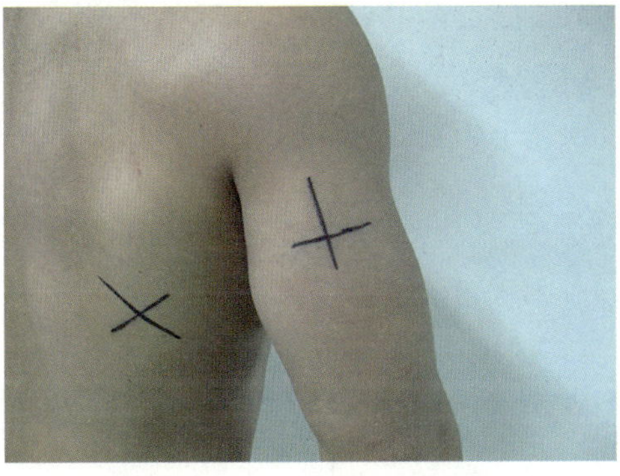
图 6–13　三头肌皮褶测量位置

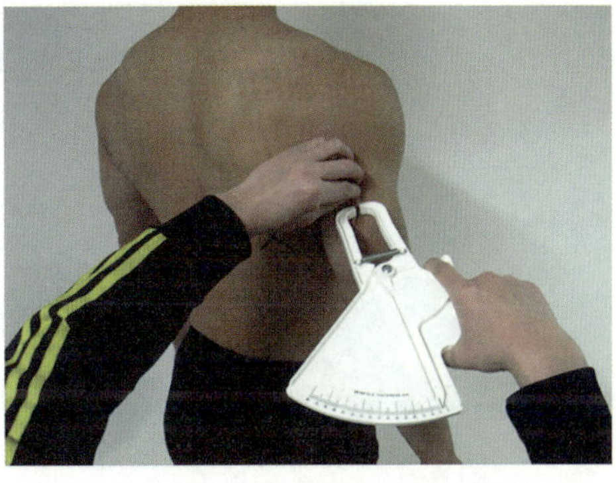
图 6–14　三头肌皮褶测量手法

（4）下腹部

在肚脐右侧 2 厘米处，垂直捏起皮褶测量（图 6–15、图 6–16）。

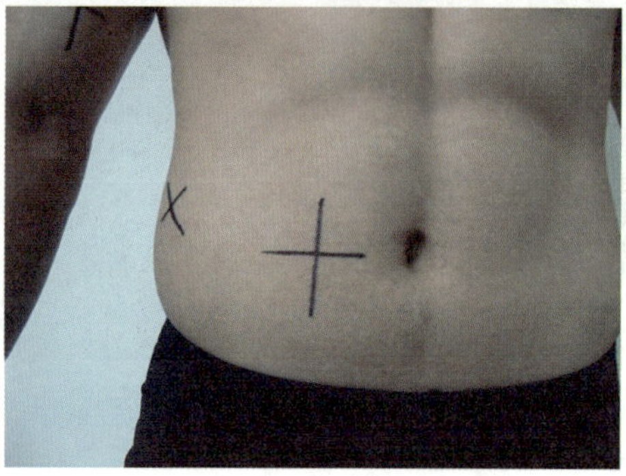

图 6–15　下腹部皮褶测量位置

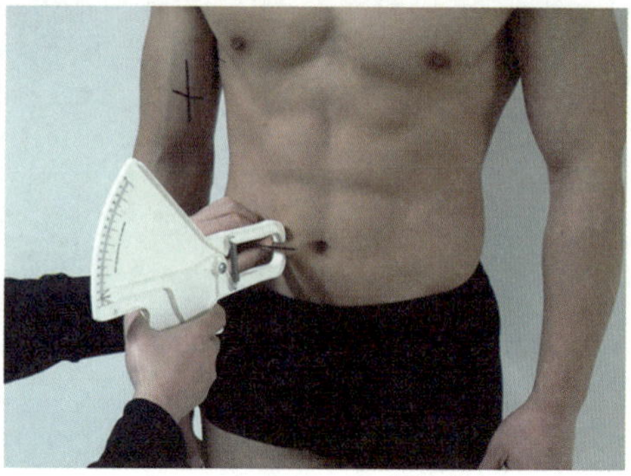

图 6–16　下腹部皮褶测量手法

（5）髂前上嵴

腋前线过髂前上嵴上方，沿髂骨翼自然斜捏起皮褶测量（图 6–17、图 6–18）。

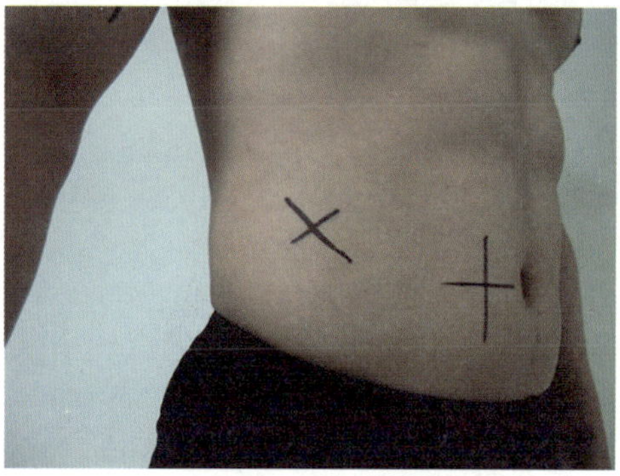

图 6–17　髂前上嵴皮褶测量位置

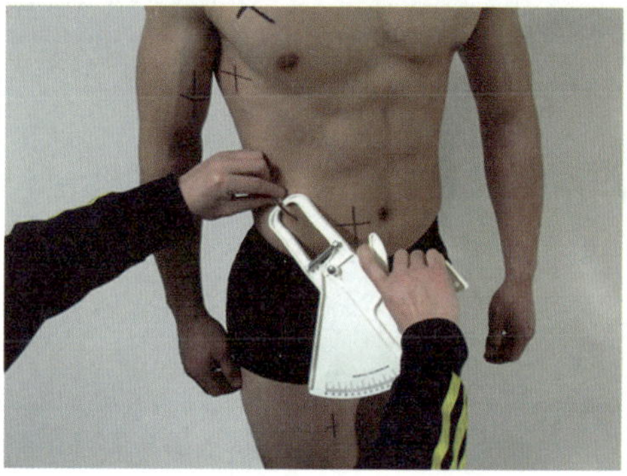

图 6–18　髂前上嵴皮褶测量手法

（6）大腿

大腿前部中线，髌骨上缘与腹股沟连线中点垂直捏起皮褶测量（图 6–19、图 6–20）。

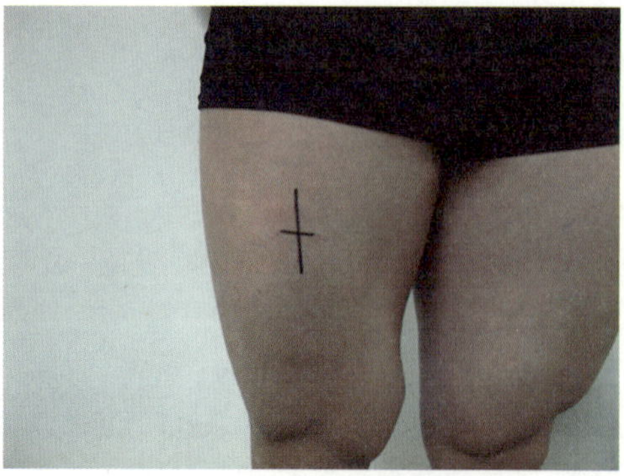

图 6–19　大腿皮褶测量位置

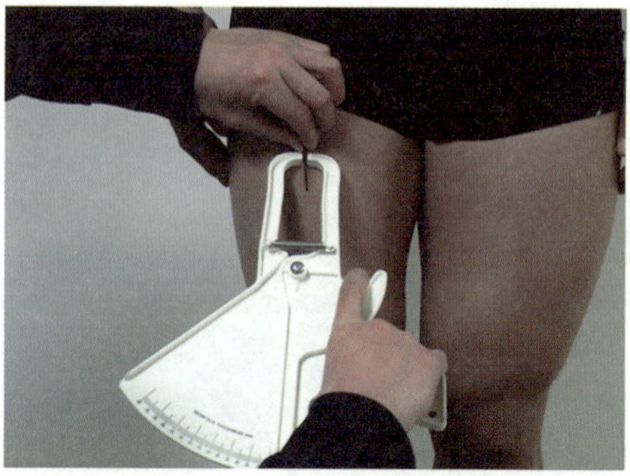

图 6–20　大腿皮褶测量手法

2. 测量要求

（1）所有测量要在受试者身体右侧进行，受试者呈直立位。

（2）皮褶钳应置于皮肤表面，垂直于皱褶，测量点距拇指和食指边缘处约 1 厘米，在皮褶游离缘与基底部中间。

（3）读数时要捏住皮褶不能松开。

（4）读数前等 1 ～ 2 秒。

（5）每一个部位要进行两次测试，如果两次测量结果差值大于 1 ～ 2 毫米，应重新测量。

（6）更换测量点测量或给予充分时间让皮肤恢复正常纹理和厚度后再测量。

（三）通过皮褶厚度计算身体密度公式

1. 男性

方法一：三点法（胸、腹部、大腿）

身体密度 =1.10938–0.0008267 ×（3 处皮褶厚度之和 / 毫米）+0.0000016 ×（3 处皮褶厚度之和 / 毫米）^{2}–0.0002574 ×（年龄）

方法二：三点法（胸、三头肌、肩胛下）

身体密度 =1.1125025–0.0013125 ×（3 处皮褶厚度之和 / 毫米）+0.0000055 ×（3 处皮褶厚度之和 / 毫米）^{2}–0.000244 ×（年龄）

2. 女性

方法一：三点法（三头肌、髂前上嵴、大腿）

身体密度 =1.099421–0.0009929 ×（3 处皮褶厚度之和 / 毫米）+0.0000023 ×（3 处皮褶厚度之和 / 毫米）^{2}–0.0001392 ×（年龄）

方法二：三点法（三头肌、髂前上嵴、腹部）

身体密度 =1.089733–0.0009245 ×（3 处皮褶厚度之和 / 毫米）+0.0000025 ×（3 处皮褶厚度之和 / 毫米）^{2}–0.0000979 ×（年龄）

（以上公式引自：美国运动医学学会 . ACSM 运动测试与运动处方指南 [M]. 9 版 . 王正珍，等译 . 北京：北京体育大学出版社，2015.）

（四）通过身体密度计算体成分

一旦确定身体密度便可计算出体脂百分比，两个最常用的公式用于由身体密度推算体脂百分比：

$$\text{公式 1：体脂百分比} = \left(\frac{457}{\text{身体密度}} - 414.2\right) \times 100\%$$

$$\text{公式 2：体脂百分比} = \left(\frac{495}{\text{身体密度}} - 450\right) \times 100\%$$

（五）生物电阻抗测试法

生物电阻抗测试法是一种无创、安全、相对简便和可靠的测量体成分的方法。生物电阻抗分析仪（图 6–21）以人体电阻为基本数据，能够准确测量身体脂肪重量、水分、去脂体重比例、体脂百分比以及各部分的相对重量和基础代谢。经验证，此分析仪设计精密，数据准确可靠，整个测试过程只需几分钟，屏幕操作提示，使用方便，数据重复性极高（图 6–22）。多项测试结果可即时打印，可提供专用软件进行数据管理，使分析记录非常方便。表 6–1 是体成分生物电阻抗测试法应用案例。

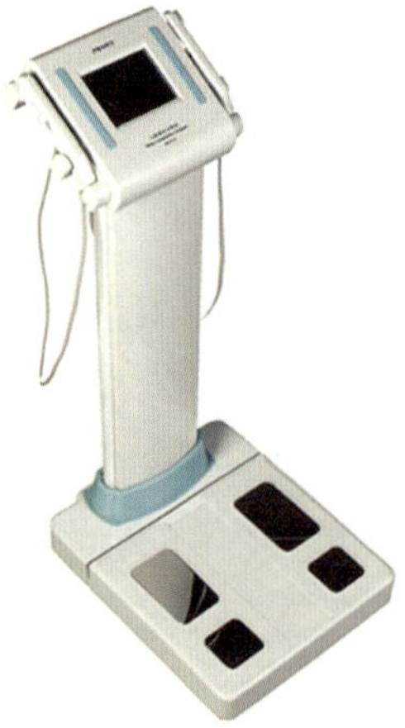

图 6–21　体成分分析仪

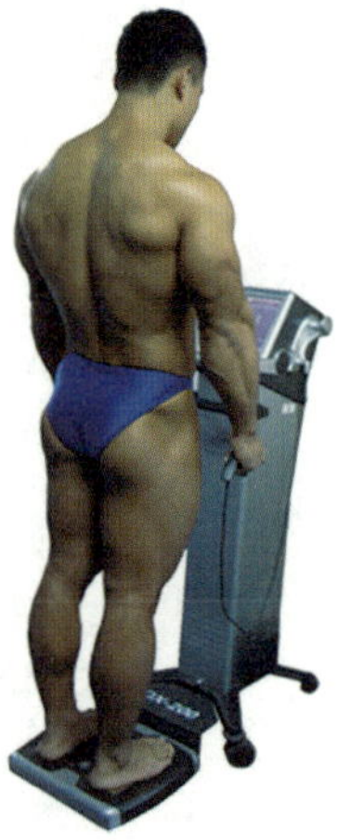

图 6–22　运动员体成分测试

表 6–1　生物电阻抗测试记录表

姓名	测试时间 / 秒	体重 / 千克	脂肪百分比 /%	身体脂肪量 / 千克	肌肉量 / 千克	基础代谢率 / 千卡
小张	6.7	86.3	19.8	17.1	64.2	1686
××	×	×	×	×	×	×
××	×	×	×	×	×	×
××	×	×	×	×	×	×

为了更加准确真实地测量人体的身体成分，在使用生物电阻抗分析仪前需要遵照以下几个要求：

◎ 测量前 4 小时内应禁食，包括食物和饮料等。

◎ 测量前 12 小时内禁止运动，以防身体脱水。

◎ 测量前 30 分钟内应入厕小便。

◎ 测量前 2 天不可饮酒。

◎ 测量前 7 天不可服用利尿剂药品。
◎ 测量前含有利尿效果的食物应减少摄取。

（六）男女体脂百分比分类

体脂百分比是衡量一个健身健美运动员运动水平非常重要的指标，在赛季和非赛季进行体脂监控是非常必要的，它可以为训练提供一个最直接的效果参考。不同的国家、不同的种族、不同的职业所设立的体脂百分比分级也各不相同。根据练习者脂肪含量的多少，一般分为过瘦、偏瘦、正常、偏胖、肥胖及过胖六个等级（表 6–2）。过瘦者应该增加肌肉，肥胖及过胖者应该减脂，而正常体脂百分比的练习者，可以通过健身健美锻炼达到健身塑形的效果。

表 6–2　男女体脂百分比分级标准

	过瘦	偏瘦	正常	偏胖	肥胖	过胖
男	≤ 7	8–13	14–19	20–24	25–29	≥ 30
女	≤ 11	12–17	18–24	25–29	30–35	≥ 35

三、肌肉力量测试

（一）最大力量测试

肌肉力量的测试对于评估练习者基线的体能水平十分重要，绝对力量被定义为能举起 1 次的最大重量，这被定义为 1RM（one–repetition maximum，1 次反复最大重量）。在日常练习中，首先应测试练习者的 1RM，然后将练习者的练习负荷以 %1RM 来安排。选择一个动作测试练习者的 1RM 的负荷时，负荷是逐渐加上去的，对于具有健身健美训练经验（中级或高级）、技术良好的练习者，这种测试是很适合的。但是并不是所有的练习者能够承受这种负荷渐增的过程，有的练习者在达到 1RM 负荷之前就已经疲劳了，这样就会影响测试的准确性。但对于没有健身健美训练经验的练习者，直接进行 1RM 的测试是不妥的。

直接测试 1RM 的方法（图 6–23）。

①指导练习者以小负荷（轻松做起 10 ~ 15 次的负荷）进行热身。

②热身后休息 2 分钟。

③增加负荷，使练习者能完成 6 ~ 8 次重复（热身性试举）。

④休息 2 ~ 5 分钟。

⑤增加负荷，使练习者能完成 3 ~ 4 次重复（保守性试举，不能做到力竭）。

⑥再经过 2 ~ 5 分钟休息，按照流程③增加负荷。

⑦令练习者进行 1 ~ 2 次重复试举。

⑧如果练习者成功，休息 2 ~ 5 分钟，然后增加重量进行 1RM 试举。如果练习者试举失败，休息 2 ~ 5 分钟，然后减小负荷再进行最后一次试举。

⑨最好在 5 次测试之内找到练习者的 1RM。

图 6–23　卧推力量测试

（二）健身健美训练水平分级

健身健美训练水平分级是衡量运动员及练习者力量训练水平的一项重要指标，是评估不同阶段训练水平提高的重要依据，是制订科学训练计划的前提。在进行健身健美训练之前必须考虑练习者的力量水平，如果练习者没有足够大的肌肉力量，一些难度较大的动作将不能完成，或者给练习者带来一定的受伤风险。对练习者水平分级被运用到制订训练计划的过程当中，教练员要做的就是确定练习者的初始状态及技术动作掌握情况，依此为练习者制订一个科学的健身健美训练计划。当然，练习者也可以依据个人水平确定自己的训练等级。表 6–3 提供的分级标准基本反映了不同训练阶段的力量水平，可以为练习者或教练员提供一个评估健身健美训练水平的依据。

表 6–3　健身健美训练水平分级

训练阶段	卧推 / 千克	深蹲 / 千克
初级水平阶段	1RM 卧推＜ 1.0 体重	1RM 深蹲＜ 1.25 体重
中级水平阶段	1.0 体重≤ 1RM 卧推＜ 1.5 体重	1.25 体重≤ 1RM 深蹲＜ 2.0 体重
高级水平阶段	1RM 卧推≥ 1.5 体重	1RM 深蹲≥ 2.0 体重

第三节　训练计划初始目标

为健身健美练习者制订训练计划之前，关键是了解练习者的最初训练目标或预期效果，明确具体的目标将会使练习者获得显而易见的练习效果。健身健美训练计划的初始目标一般包括以下几方面。

一、增大肌肉体积，提高肌肉力量

通过外在的负荷刺激促使肌肉和神经系统产生适应性改变，肌肉的横截面积增加，力量增大，最终表现出发达的肌肉轮廓和清晰的肌肉线条。在明确训练计划的具体目标时，像这样的说法："我想让我的胳膊变得更粗""我想拥有更大的肌肉体积""我想使自己力量更大一点"，可能预示着练习者想通过执行一个健身健美训练计划来增加自己的肌肉体积。但是，有效的训练计划更加强调目标的具体性，而不是含糊不清和笼统的健身目标。应该这样来描述初始目标：2 个月上臂围度增加 2 厘米，3 个月去脂体重要增加 5 千克，6 个月卧推重量增加 10 千克，这样的目标描述使训练计划的评价变得更加具体真实。

二、矫正体形，塑造优美身材

练习者可以通过健身健美训练达成自己的理想形体目标，因为各种原因导致的含胸驼背、上身发达下身薄弱、溜肩、两肩高低不均、两腿粗细不均、大腿发达小腿过细、O 型腿、膝关节内扣、肩窄腰粗等常见问题，都可以从具有针对性的健身健美训练计划中获得较好的训练效果。所以，当一个人的体形体态已经出现问题并需要矫正的时候，就可以有针对性地选择某些适当的动作进行锻炼，从而达到矫正体形的目的。由于健身健美运动的这一特殊作用，许多练习动作已被进一步用于医疗体育方面。

三、减肥瘦身

健身健美训练对于身体过胖和体重过重的练习者，是最有效的减脂手段之一。通过健身健美练习，可以优化身体成分，增加肌肉组织，提高基础代谢率，能较快消耗大量热量，迅速减脂。健身减肥的人最容易犯的错误是节食减肥，这种方法虽然能够短期减轻体重，但是，热量过度的减少会导致肌肉组织分解供能，降低基础代谢，使减肥变得更加困难。而通过健身健美训练增加肌肉组织可以提高基础代谢，强化减脂效果。作为健身健美指导者，应该知道与练习者达成一个具体的、切实可行的目标才是最重要的。

四、提高健康体能和竞技体能

健康体能包括肌力、肌耐力、心肺功能、柔韧、身体成分五项体能素质；竞技体能包括力量、耐力、速度、心肺功能、柔韧、功率、平衡、协调、灵敏、精准性十项公认的体能素质。不管是发展健康体能还是竞技体能，健身健美训练都是有效的手段之一。通过健身健美训练，体能素质得到全面发展，运动能力得到明显提高，身体机能得到有效改善，使人们在日常生活和竞技运动中有更加突出的表现。

五、功能康复

健身健美运动是进行功能康复训练的重要手段，其独有的训练效果已经在康复领域得到患者的肯定和认同。损伤康复重点在于通过健身健美各种训练手段和方法对康复部位的肌肉、韧带、软骨和肌腱进行适宜的有效刺激，促进局部组织代谢，促进本体感觉发展，提高关节的稳定性，使运动功能障碍得到改善。

第四节　训练计划要素

制订一个有效的健身健美训练计划需要根据对训练过程中可变因素的分析做出相关的设计，使得训练计划具有更明确的目标，更安全、更有效。这涉及很多要素，包括练习部位、动作选择、动作顺序、练习组数、重复次数、负荷重量、间歇时间、动作速度、训练频率以及训练计划的灵活调整等。

一、练习部位

健身健美训练中所关注的主要身体部位有肩部、背部、胸部、腰腹部、臀部、上臂、前臂、大腿、小腿（图 6–24）。然而，要真正雕塑和发展完美的肌肉形态，还需要对肌肉群再进行细分。

◎ 胸大肌——胸肌上部、中部、下部、外缘、内缘的宽度、厚度、饱满度，躯干两侧的肌肉细节，前锯肌和肋间肌的厚度和分离度。

◎ 三角肌——三角肌的三个头（前部、中部、后部）的宽度和饱满度。

◎ 斜方肌、背阔肌和竖脊肌——斜方肌上部、中部及下部的分离度和凸凹度。背阔肌的宽度、长度、厚度。下背部竖脊肌的发展。

◎ 肱二头肌——肱二头肌的上部、中部、下部的高度和饱满度。

◎ 肱三头肌——肱三头肌长头、外侧头和内侧头的分离度、宽度和厚度。

◎ 股四头肌——股四头肌的凸凹度和分离度，大腿外侧肌肉的弧线，大腿内侧的内收肌发达程度。

◎ 臀部——臀大肌的饱满度和清晰度。

◎ 腘绳肌——饱满度、清晰度、分离度，腘绳肌与股四头肌的分离度。

◎ 腹直肌、腹内外斜肌——腹肌的凸凹度，腰部两侧的腹内外斜肌分离度和清晰度。

◎ 比目鱼肌和腓肠肌——浅层的腓肠肌和深层的比目鱼肌的清晰度和饱满度。

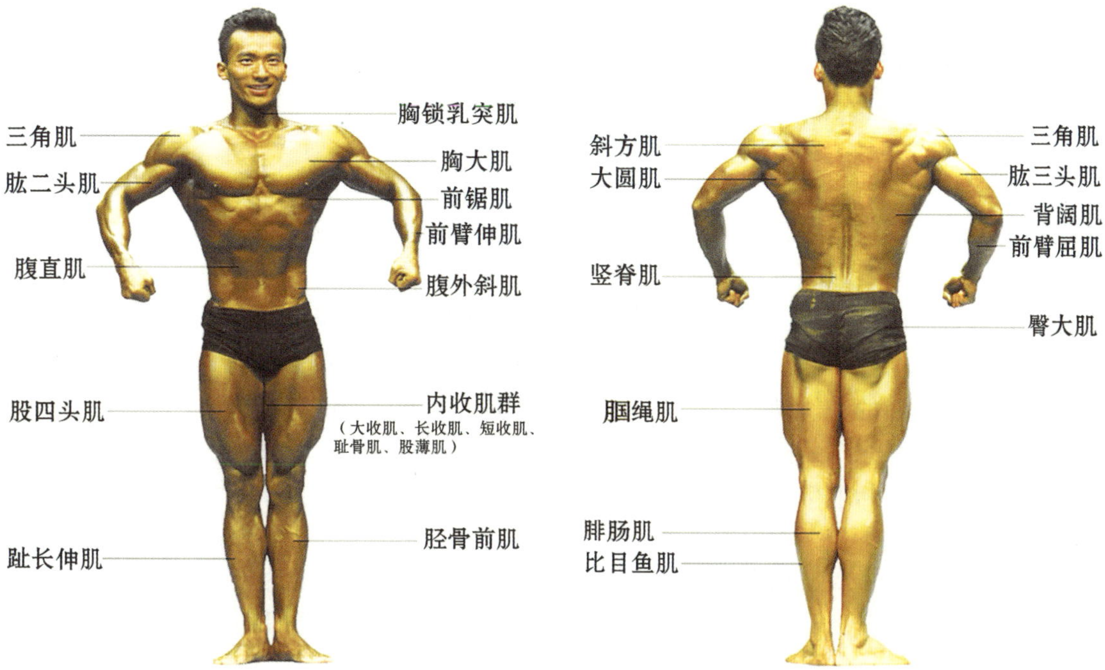

图 6–24　练习部位

在训练计划的制订中，不同水平阶段安排训练部位也存在较大的差异。在初级水平阶段，身体各部位还不能承受过大的负荷刺激，这时可以采用整体法进行训练，也就是进行全身各部位的练习，每个部位的练习动作一般安排 1 ~ 6 组较为适宜。中级水平阶段，由于经过一段时间的负荷刺激，身体产生了一定的适应，身体各部位肌肉力量逐渐增大，肌肉横截面积也随之增加，这时，如果还按照初级水平阶段的训练负荷进行练习，对肌肉的刺激将减弱。为了进一步提高肌肉力量和增加肌肉体积，就需要增大局部肌肉的刺激强度。这时可以采用分部法进行训练，将身体分为上身和下身两部分或者将肌肉分为屈肌和伸肌两部分进行练习，每次只安排其中一部分肌群进行训练。而到了高级水平阶段，随着训练水平进一步提高，可将全身分为若干部分，每次课程只练习其中一部分肌肉，甚至是一块肌肉的某一个部分，这种减少训练部位而增加训练负荷的方案，能够使肌肉受到更深的刺激，更有利于发展肌肉体积和完善肌肉轮廓（表 6–4）。

表 6–4　不同训练水平阶段练习部位推荐值

训练阶段	部位 / 次
初级水平阶段	5 ~ 10 个部位 / 次
中级水平阶段	3 ~ 4 个部位 / 次
高级水平阶段	1 ~ 2 个部位 / 次

二、动作选择

动作选择应该建立在明确训练目标的基础之上，所选择的动作要与训练目标一致。由于骨骼肌的结构和功能差异，单一的动作练习无法练就完美的肌肉形态，所以，正确的动作选择是至关重要的。教练员或练习者必须根据训练目标来选择具体训练动作，同时还要考虑在每一阶段需要做多少动作才是合适的，这不仅仅影响练习者是否能够承受训练量，还涉及到训练难度的问题。一个高效的动作选择必须满足以下两个条件：第一，肌肉参与用力的程度高；第二，神经活跃度高。如果练习动作仅仅满足其中一个条件，那么它不是最优的。如果选择的动作满足了以上两个条件，那么，这个动作可以认为是高效的。教练员或练习者可以从众多的健身健美练习动作中去选择，但是所有选择的练习动作都可以根据涉及的关节、身体部位及动作形式对训练目标的贡献率分为复合动作和孤立动作。复合动作是指对跨过两个或两个以上关节的多肌群之间的协同用力的练习动作。孤立动作是指对跨过一个关节的肌肉参与用力的练习动作。这种分类也仅仅是相对关节而言，因为不存在绝对孤立的动作。

（一）肌肉参与用力的程度

在选择练习动作时，肌肉参与用力程度的高低是一个重点考虑的因素。一般情况是，参与肌群越多，动作效率越高。此外，更多肌肉参与工作的练习动作会表现出更高的溢出效应，在对复合动作和孤立动作的研究中发现，复合动作比孤立动作在刺激肌肉合成代谢方面具有更大的优势。就像把石头投入水池中会激起水花，水波纹会传至水池的另一端，石头越大，水花也就越大，水波纹也就越远，训练也能产生类似的效果，称之为溢出效应。当一块肌肉得到练习而增长时，整个肌肉系统都会产生小幅度增长，甚至包括那些根本没练习的肌肉。如果一个训练动作对身体的溢出效应越强，引发肌肉生长的潜力就越大。生理学研究表明，复合动作能够激发更高的生长激素水平，而孤立动作对生长激素水平的影响较小，这是复合动作比孤立动作更能增大肌肉体积和力量的原因之一。所以，在选择练习动作时，首先应该把主要精力集中在参与用力最多的肌群上。

（二）神经活跃度

研究证明，肌肉增长是来自神经系统的神经输入或刺激的结果，神经活跃度越高，练习动作就越好，肌肉和力量增长就越多。以驾驶不同交通工具来说明神经活跃度问题。在神经活跃度最低水平上，宛如自己正在迪斯尼乐园开着一辆挂在轨道上的小车，不需要操纵方向盘，因为轨道帮助你做了这项工作，你所需要做的只是加油，用以加速或保持运动，没有集中精力的必要，这时可以观赏沿途的景色。上升几个级别，在高速公路上开汽车，集中精力就很有必要了，驾驶员必须控制方向，在车流中穿行，为其他司机让路，行为的复杂程度大大提高了。再提高几个级别，如果是开飞机，飞行员不仅要控制速度和转向，还要关注高度、斜度和航向，对集中力、警觉性以及精确的驾驶技术的要求大幅度提高。这些例子是对训练中神经活跃度生动的解释，不同等级的练习动作也是以相似的运动模式工作。固定器械的练习动作神经活跃度较低，而使用自由重量需要更高的神经活跃度，这种提高也体现在从中所获得的力量和肌肉增长方面。所以，一个练习动作的神经活跃度等级越高，它对肌肉系统的影响也就越大，从该练习动作中获得肌肉增长的机会就越大。

在不同的训练阶段，练习者的训练水平，练习动作的选择与练习效果有直接的关系。所以，在选择训练动作时，不仅要考虑肌肉参与程度和神经活跃度两方面，还要根据练习者的目标、运动能力、动作难度以及适宜的动作数量来综合评价（表 6–5）。

表 6–5　不同力量水平阶段动作数量推荐值

训练阶段	动作 / 部位
初级水平阶段	1 ～ 2 个动作 / 部位
中级水平阶段	2 ～ 3 个动作 / 部位
高级水平阶段	3 ～ 4 个动作 / 部位

三、动作顺序

动作顺序是指根据训练计划既定的目标来编排训练内容的先后。在健身健美训练计划中，训练动作的顺序可以显著地影响神经、代谢、生长激素和循环反应，因此，动作顺序作为训练计划的一部分必须认真考虑。其基本原则是：首先选择复合动作，其次选择孤立动作。如果两个动作来自同一个类别，比如两个复合动作或两个孤立动作，或者是一次练习两个或两个以上大肌肉群，选择动作的条件是对神经系统影响较大的动作应该安排在对神经系统影响较小的动作之前，多关节参与、动员肌肉群较多的动作优先。例如，在进行腿部训练时，首先练习深蹲，然后再练习腿屈伸。一节完整的健身健美训练课动作顺序基本结构主要有渐进式、交替式、循环式。

（一）渐进式

这是最常用的一种结构，首先做完一个动作的所有组数，然后再做下一个动作。例如：

A. 平卧杠铃卧推　　4 组 ×（16、12、8、6）次　　90 秒间歇
B. 上斜哑铃卧推　　4 组 ×（20、16、12、8）次　　90 秒间歇
C. 双杠臂屈伸　　4 组 ×12 次　　90 秒间歇

（二）交替式

这种结构属于“推”和“拉”训练系统范畴，能够让练习者在单位时间内完成更多的训练，又不会很快降低运动能力。在这种分配结构当中，交替采用两个针对不同肌群的训练动作，以对抗肌群为佳。例如：首先做一组 A 动作，休息 60 秒，再做一组 B 动作，休息 60 秒，

再做 A 动作，如此重复，直到两个动作都做完 4 组。

A. 平卧杠铃卧推　　4 组 ×10 次　　60 秒间歇

B. 俯立杠铃划船　　4 组 ×10 次　　60 秒间歇

（三）循环式

选择 3 个以上的动作，每个动作各做 1 组，形成一个循环，动作中间无间歇或短间歇。此外，还可以按照规定时间进行循环，例如：规定每个动作练习时间为 60 秒，每个动作之间无间歇或短间歇，做完一个循环之后有一定的间歇时间。

A. 平卧哑铃卧推　　10 次　　10 秒间歇

B. 深蹲　　10 次　　10 秒间歇

C. 坐姿划船　　10 次　　10 秒间歇

D. 屈腿硬拉　　10 次　　10 秒间歇

四、练习组数

在进行一个动作练习时按照动作的技术要领及规范要求连续重复至预定次数，称为一组动作，间歇后，再连续重复至预定次数即为另一组的动作，一共要重复几组动作即为练习组数。练习组数在计算运动量时是一个非常重要的参数，运动量对于基础体能的持续提高十分重要。大量实践证明，需要通过多组数训练刺激才能提高肌肉力量和促使肌肉发达起来。肌肉的运动生理学理论强调，要调动和激活参与活动的所有肌纤维，身体各部位肌肉要做足量的不同练习，在每个特定练习中，要让肌肉达到力竭的状态，保证每块肌肉从不同的角度都受到刺激，从而通过多组数、多角度的练习使身体各部位肌肉形态达到完美程度。因此，教练员或练习者在制订训练计划时需要根据个体的身体机能状态、训练周期、训练阶段、不同时期的训练任务来安排具体的动作组数（表 6–6）。

表 6–6　不同水平阶段动作组数推荐值

训练阶段	组数 / 动作
初级水平阶段	1 ~ 3 组 / 动作
中级水平阶段	3 ~ 4 组 / 动作
高级水平阶段	4 ~ 5 组 / 动作

五、重复次数

（一）重复次数与训练目标的关系

在一组练习动作中，肌肉从完全伸展到彻底收缩的一个完整循环，即为一次练习，依该动作反复伸展和收缩所完成的循环次数，即为一组的训练次数。不同的最大负荷百分比或不同的重复次数，能够使肌纤维产生特定的生理适应（表 6–7）。对肌纤维类型的研究发现，骨骼肌存在不同类型的肌纤维，肌肉中不同类型肌纤维所占比例不同，不同部位的肌肉快肌纤维和慢肌纤维比例不同。研究还发现，很大一部分肌纤维是混合型的，称为“杂合”纤维。所以，如果长期进行 8 ~ 12 次的常规次数训练，只能训练到其中一部分肌纤维，而其他部分肌纤维不能得到有效刺激，也就无法达到肌肉的最大生长潜能。因此，在不同的训练阶段，可以根据具体的训练目标安排不同次数的组合，包括低、中、高不同负荷重量的重复次数。例如：第一组 20 次，第二组 16 次，第三组 12 次，第四组 8 次等。可以是侧重训练某一类型肌纤维，也可以按区域进行训练。

表 6–7 重复次数与训练目标的关系

重复次数	训练目标
* 中级阶段 （3 ~ 6 次） * 高级阶段	爆发力
（1 ~ 6 次）	最大肌力，肌肉体积
（6 ~ 12 次）	肌肉体积
（12 ~ 20 次）	肌肉体积，肌肉耐力
（20 ~ 30 次）	肌肉耐力，减缩脂肪

（二）1RM 百分比与最大重复次数

负荷与最大重复的次数有一个反向增减的关系，负荷越小最大重复的次数就越多，负荷越大最大重复的次数就越少，它们之间的这一关系被称之为 1RM 百分比与最大重复次数的关系。当负荷增加时，练习者所能举起的次数就相应的减少，最终随着负荷的增加练习者只能够完成一次的负荷被称之为 1RM。RM 是英文“repetition maximum”的缩写，中文译义是“最大重复值”“最大重复次数”“最大重复次数的重量”。如“6 ~ 12RM”所表达的就是“最多能重复或连续完成 6 ~ 12 次的重量”。如用 100 千克重量的杠铃进行卧推练习，当竭尽全力最多只能连续推举 6 次时，那么这 100 千克就是该动作 6RM 的重量。设定训练负荷之前，教练员或练习者应该了解负荷与最大重复次数之间的关系。表 6–8 列出了 1RM 的百分比负荷与所能重复次数之间的关系，练习者在使用这些数据时，应该仅仅把表中提供的数据作为一种参考而不应作为一个铁律。

表 6–8 1RM 的百分比负荷与最大重复次数之间的关系

%1RM 负荷	最大重复次数
100	1
95	2
93	3
90	4
87	5

续表

%1RM 负荷	最大重复次数
85	6
83	7
80	8
77	9
75	10
73	11
70	12
67	14
65	16
63	18
60	20

六、负荷重量

研究证实，采用不同负荷重量的练习，练习者所产生的生理、生化和代谢反应各不相同，与训练目标有直接的关系。如果以发展最大力量为目标，负荷重量应该选择 1RM 的 85% 以上。如果以发展肌肉体积和发达肌肉为目标，一般以中等负荷重量为主，建议选择 1RM 的 65% ~ 85%。如果以减缩脂肪为目标，负荷重量应该以轻重量为主，建议选择 1RM 的 50% ~ 60%。为了方便教练员和练习者有目的地选择合适的重量，我们总结了多年的教学和实践经验，以极限重量作为标准，根据不同训练目标对负荷重量进行了分类，参见表 6-9。

表 6-9　负荷重量与训练目标的关系

重量分类	重量区间（%1RM）	训练目标
第一类	（50% ~ 60%）	减缩脂肪，肌肉耐力
第二类	（60% ~ 70%）	肌肉耐力，肌肉体积
第三类	（70% ~ 80%）	肌肉体积
第四类	（80% ~ 90%）	肌肉体积，最大肌力
第五类	（90% ~ 100%）	最大肌力，肌肉体积
第六类	（100% ~ 110%）	最大肌力，等长肌力、离心肌力（谨慎使用）

七、间歇时间

间歇时间是指在一个动作的多组练习之间或者多个动作循环练习之间需要做短暂的休息，这个休息时间称之为间歇时间。间歇时间的长短，会显著改变抗阻训练后的代谢、生长激素、心血管的反应，也会影响连续组的运动表现。研究表明，磷酸原恢复 50% 所需的时间为 20 ~ 30 秒，恢复 98% 所需的时间为 180 秒。对于进阶的抗阻训练，强调爆发力和最大力量的增加，多为最大或次最大负荷的复合动作，其间歇时间建议至少为 2 ~ 5 分钟。负荷重量较小的动作或孤立动作需要较短的间歇时间，一般为 60 秒或更少。刺激糖酵解和磷酸原系统（ATP–CP）将有助于肌肉肥大，训练组之间间歇时间较短应是有效的训练手段，一般间歇时间为 1 ~ 2 分钟。

间歇时间的长短由练习者训练目标决定，受到练习者训练状态的影响。负荷重量越大，练习者所需要的组间间歇时间越长，负荷重量越小，所需要间歇的时间就越短。在常规的健身健美训练过程中，可以根据练习者的恢复能力，对练习的间歇时间进行调整（表 6–10）。

表 6–10 间歇时间推荐值

训练日标	组与组间歇时间
爆发力	2 ~ 5 分钟
最大力量	2 ~ 5 分钟
力量及肌肉体积	2 ~ 3 分钟
肌肉体积	1 ~ 2 分钟
肌肉体积、力量耐力	< 60 秒
减缩脂肪	≤ 30 秒

八、动作速度

动作速度是指重复一次练习动作时间的长短。在健身健美训练中，动作速度至关重要，它是决定训练效果的因素之一。一个完整的健身健美练习动作通常包括向心收缩和离心收缩阶段，而向心收缩和离心收缩在力学、新陈代谢和神经刺激等方面都有一些不同。在健身健美练习过程中，需要根据不同的训练目标来确定动作速度，推荐的要求是在动作的伸展和收缩阶段做到均匀、缓慢、有控制。在实际训练过程中，初级、中级水平阶段建议采用慢速和中等速度，高级水平阶段在控制动作的前提下尽量提高速度。如果是发展肌肉体积，一次练习推荐的动作速度为 3 ~ 4 秒，有完整的向心收缩和离心收缩阶段。

九、训练频率

训练频率是指练习者每周进行特定肌肉部位训练的次数。身体的各个部位通过抗阻训练刺激之后，会使肌肉产生适度疲劳和力量的暂时下降，经过一段时间的休息，肌肉力量和机能状态会恢复到运动前的水平，并且在一定时间之内，还可以继续上升超过原有水平，即发生超量恢复。如果下一次练习是在超量恢复阶段进行的，并使身体再次受到合理有效的刺激，肌肉的力量和身体的机能水平就会再次产生超量恢复。如此反复的抗阻训练就会使肌肉体积增大，肌肉力量增强。也就是说，肌肉就是在刺激—恢复—再刺激—再恢复的进程中不断发达起来的。

研究显示，抗阻训练之后蛋白质合成率增加，运动后 4 小时，肌肉蛋白质合成率提高 50%，24 小时后提高 109%，36 小时后蛋白质合成率恢复到正常水平。所以，不论局部肌肉一周练一次、两次还是三次，都应在肌肉出现超量恢复时进行下一次的练习。只有这样，肌肉才能通过一次又一次的训练获得不断增长。初级水平阶段训练量和训练强度相对较低，产生超量恢复的时间相对较短，一般只需 24 ~ 48 小时；中级水平阶段训练产生的刺激相对较深，产生超量恢复的时间也要长一些，大约需要 48 ~ 72 小时；高级训练阶段训练产生的刺激更深，产生超量恢复的时间也更长，通常情况需要 3 ~ 7 天。

训练频率是由很多因素决定的，取决于练习者的训练目标、训练年限、训练水平、训练的不同阶段以及练习者的恢复能力等。要取得更快的进步，刺激和恢复必须保持平衡。所以，训练频率的安排都是在刺激和恢复之间进行科学评估后确定的，在实施训练计划时要根据身体实际恢复情况进行调整。

十、训练计划的灵活调整

必须意识到即使是一个有效的、个性化很强的训练计划，也不一定能够使练习者在某一个具体的时间段内达到增大肌肉体积和增大肌肉力量的目的，甚至肌肉体积或者肌肉力量还会有下降的趋势。即使是中级或者是高级训练者在经历过几个月的大强度训练后，肌肉的力量和肌肉的神经兴奋性也会出现下降的趋势，甚至还会出现过度疲劳的现象。所以，制订一个科学合理的健身健美训练计划，教练员或练习者必须考虑到训练计划因素的变化，包括训练内容、训练频率、训练负荷、训练量和组间间歇时间。

为了使练习者不断获得机能的改善，降低过度训练甚至运动损伤发生的概率，避免练习者对训练失去兴趣、产生厌倦感，保持训练的强度，教练员或练习者需要灵活地调整训练计划的相关内容，改变训练中的可变因素，将相关肌肉负荷训练要素进行重新组合，动态地执行训练计划，以使练习者始终处于进步之中。

十一、训练计划案例

（一）增肌训练计划

训练目标：增加肌肉体积。

频率：一周 5 次。

每次训练时间：60 分钟。

练习内容（表 6–11、表 6–12）：肩部、斜方肌、胸部、背部、大腿、小腿、腹部、上臂。

表 6-11 增肌训练周计划内容安排

星期一	星期二	星期三	星期四	星期五	星期六	星期日
肩 / 斜方肌	臂 / 腹	腿	背	胸 / 腹	休息	休息

表 6-12 增肌训练练习内容安排模板

练习部位	练习动作	组数	次数	组间间歇 / 秒
肩 / 斜方肌	杠铃耸肩	4	16、12、10、8	90
	坐姿哑铃推举	4	16、12、10、6	90
	哑铃侧平举	4	20、16、12、10	90
	直立划船	3	16、12、10	90
	俯立哑铃侧平举	3	16、12、10	90
胸 / 腹	杠铃卧推	4	16、12、8、4	90
	上斜哑铃卧推	4	16、12、8、4	90
	平卧哑铃飞鸟	4	20、16、12、10	90
	双向卷腹	3	15–20	90
	悬垂举腿	3	10–15	90
背	引体向上（负重）	4	10 ~ 15/ 组	90
	俯身杠铃划船	4	16、12、10、6	90
	坐姿划船	4	16、12、10、8	90
	转体单臂下拉	4	16、12、10、8	90
大腿	深蹲	5	16、12、10、8、4	90
	腿举	4	12、10、8、6	90
	坐姿腿屈伸	3	16、12、10	90
小腿	俯卧腿弯举	3	16、12、10	90
	屈腿硬拉	4	12、10、8、6	90
	站姿提踵	3	20、16、12	90
臂 / 腹	站姿杠铃弯举	4	16、12、8、4	90
	哑铃集中弯举	4	16、12、8、4	90
	仰卧臂屈伸	4	16、12、8、6	90
	绳索下压	4	16、12、8、8	90
	搁凳仰卧起坐（负重）	3	15 ~ 20/ 组	90
	斜板举腿	3	10 ~ 15/ 组	90

注：以上动作组数不包括热身组。

（二）减脂训练计划

训练目标：减去身体多余脂肪。

频率：一周 12 次。

每次训练时间：60 ~ 120 分钟。

练习内容（表 6–13、表 6–14）：肩部、斜方肌、胸部、背部、大腿、小腿、腹部、上臂、前臂。

表 6–13　减脂训练周计划内容安排

星期一	星期二	星期三	星期四	星期五	星期六	星期日
			上午			
胸部	肩部 / 斜方肌 上臂 前臂	胸部	肩部 / 斜方肌 上臂 前臂	胸部	肩部 / 斜方肌 上臂 前臂	休息
			下午			
大腿 小腿	背部	大腿 小腿	背部	大腿 小腿	背部	休息

（注：每天练腹部）

表 6–14　减脂训练练习内容安排模板

练习部位	练习动作	组数	次数	组间间歇（秒）
		周一 / 周三 / 周五		
胸部	杠铃卧推	4	20、16、12、10	60
	上斜哑铃卧推	4	20、16、12、10	60
	哑铃飞鸟	3	20、16、12	60
	坐姿蝴蝶夹胸	3	20、16、12	60
大腿	深蹲	5	20、16、12、8、6	60
	上斜腿举	4	20、16、12、8	60
	俯卧腿弯举	3	20、16、12	60
	屈腿硬拉	3	20、16、12	60
小腿	站姿提踵	3	20、16、12	30
	坐姿提踵	3	20、16、12	30
腹部	卷腹	3	20/ 组	60
	卷腹转体	3	20/ 组	60
	仰卧举腿	3	15/ 组	60
		周二 / 周四 / 周六		
肩部 / 斜方肌	颈前杠铃推举	4	16、12、10、10	60
	哑铃侧平举	3	20、16、12	60
	俯身哑铃侧平举	3	20、16、12	60
	哑铃耸肩	3	16、12、8	60
背部	引体向上	4	10 ~ 15/ 组	60
	坐姿器械下拉	4	20、16、12、10	60
	俯身杠铃划船	4	20、16、12、10	60
上臂	站姿杠铃弯举	3	20、16、12	60
	哑铃集中弯举	3	16、12、10	60

续表

练习部位	练习动作	组数	次数	组间间歇（秒）
上臂	仰卧臂屈伸	3	20、16、12	60
	拉力器下压	3	20、16、12	60
前臂	杠铃正握腕弯举	3	20、16、12	60
	杠铃反握腕弯举	3	20、16、12	60
	腹部卷腹	3	15–25	60
	双向卷腹	3	15–25	60
	悬垂举腿	3	10–15	60

注：以上动作组数不包括热身组。

思考题

1. 健身健美训练的基本原则有哪些?
2. 健身健美训练计划由哪些要素构成?
3. 如何选择安全、高效的训练动作?
4. 制订一个增肌训练计划。
5. 制订一个减脂训练计划。

第七章　健身健美竞赛组织及裁判法

本章提要

- 健身健美竞赛组织的基本程序及内容
- 男子健美和女子健体比赛程序及评判依据
- 健身先生和健身小姐比赛程序及评判依据

第一节　健身健美竞赛组织

一、赛事规划

健身健美赛事的竞赛管理或组织部门一般应提前一年制定赛事计划，将其纳入年度竞赛工作计划体系，并面向相应的受众群体公告相关信息。正常情况下，赛事应按期举办，主办单位以招标或合作等形式提前确定承办方，确定承办方前须考查其是否具备赛事承办条件。良好的赛事规划是健美健身比赛成功举办的前提。赛事规划要点如下：

◎ 根据赛场容量以及以往经验估算赛事收益，再根据预期收益制定赛事预算。
◎ 编制赛前、赛期以及赛后工作内容以及时间表。
◎ 按照各项任务的逻辑顺序安排工作流程，规划要详细到每一天任务内容。
◎ 以后推方式制定规划，并规定完成每项任务的最后期限。
◎ 考虑到不可预见的延误，应在时间安排上留有余地。
◎ 将赛事规划告知参与赛事的相关工作人员，包括管理人员、志愿者以及政府官员等。
◎ 由赛事组织各部门分别制定所负责事务的时间规划，最终汇总为规划总表。
◎ 制定规划时，要考虑到规划会发生随机变动。

二、拟定健身健美竞赛规程

健身健美竞赛规程是比赛的法规性文件，比赛过程中所有事件的处理都要遵守竞赛规程规定的相关内容。因此，在拟定健身健美竞赛规程时，应该尽可能详细说明有关比赛的相关事宜，避免由于歧义而引起实际工作中的困难和纠纷。依据竞赛的性质明确比赛的目的和任务，根据目的和任务决定竞赛组织规模，根据规模，拟订规程。竞赛规程的基本内容如下。

（一）主办单位

发起比赛的项目管理机构或企业。

（二）承办单位

执行赛事组织的单位，负责整个赛事规划和安排。

（二）比赛日期

比赛日期可结合重大比赛任务，健美健身训练周期特点，或结合气候条件确定。若无特别要求，竞赛时间最好定在节假日或双休日。

（三）比赛地点

比赛地点宜选择交通便捷、距离适中，食宿条件较好的地方。

（四）比赛项目

根据赛事性质和规模确定具体的比赛项目。可以是健身健美综合性运动会，也可以是单项健身健美比赛，如健美锦标赛、健身锦标赛、俱乐部大赛等。

（五）参加办法

1. 运动员比赛的资格规定。
2. 各项目参赛人数规定。
3. 工作人员与运动员人数比例规定。
4. 报名、报名截止日期和报到日期的规定。报名一般在比赛的前 10 ~ 20 天左右，报到在比赛的前 2 ~ 3 天，比赛结束的第二天离会较为合适。

（六）竞赛办法

1. 采用中国健美协会最新审定的《健美健身竞赛规则裁判法》。
2. 竞赛日程或竞赛活动安排最好与竞赛规程一同下发。
3. 大会用音乐素材的提示。
4. 裁判员选派规定。

（七）录取名次与奖励办法

1. 以鼓励运动员创造优异成绩为出发点，设置特定的加分政策或物质奖励规定。
2. 个人奖：各单项根据实际需要录取相应名次进行物质或荣誉奖励。
3. 团体奖：按团体总分和名次，颁发奖牌、奖杯以及奖品。

（八）报名

1. 规定报名办法，各单位须按统一规格填报报名单，一式两份，分别报主办单位和承办单位。

2. 报名单须要求参赛队地方主管单位或相关组织及医务部门审查盖章，按规定时间报名，逾期不予受理。

3. 若需收取报名费，须明确缴纳办法。

（九）报到

参赛队或参赛运动员须在规定的时间内到承办单位报到并办理参赛手续，若有提前报到情况，须说明食宿、交通等自理规定。竞赛规程根据每次赛事的主题或形式进行增减事项和说明，竞赛规程应在比赛前三个月下发，规程以纸质文本或网络等形式发放。

三、编制经费预算

举办健美健身赛事，保证经费的合理支出是赛事圆满成功的前提，所以，举办比赛前需要对经费进行预算，基本内容包括：

（一）赛会人员住宿费和膳食费

官员、裁判员、工作人员、领队、教练、运动员及运动队工作人员的实际住宿费和膳食费。

（二）交通费

官员、裁判及相关工作人员的往返交通费用，比赛期间的车辆租赁或使用费等。

（三）比赛器材

消耗性器材和比赛设施，如一次性赛台台面地毯以及准备活动器材租赁费等。设计制作奖牌、奖杯及证书费等。

（四）比赛过程中相关人员所需文具用品费用

（五）场地租赁及其他费用等

四、成立组织机构

进入赛事操作期需要成立赛事组织机构（图 7–1）。一般而言，全国性单项比赛可成立组织委员会，而综合性运动会单项比赛可成立竞赛委员会。

五、报名

1. 说明具体的报名方式，如网络在线报名、纸质报名以及其他报名方式，并说明报名时的相关要求以及注意事项。

2. 在规定时间内按规程要求接受报名。

3. 报名截止后，按项目进行分类，整理统计报名信息。

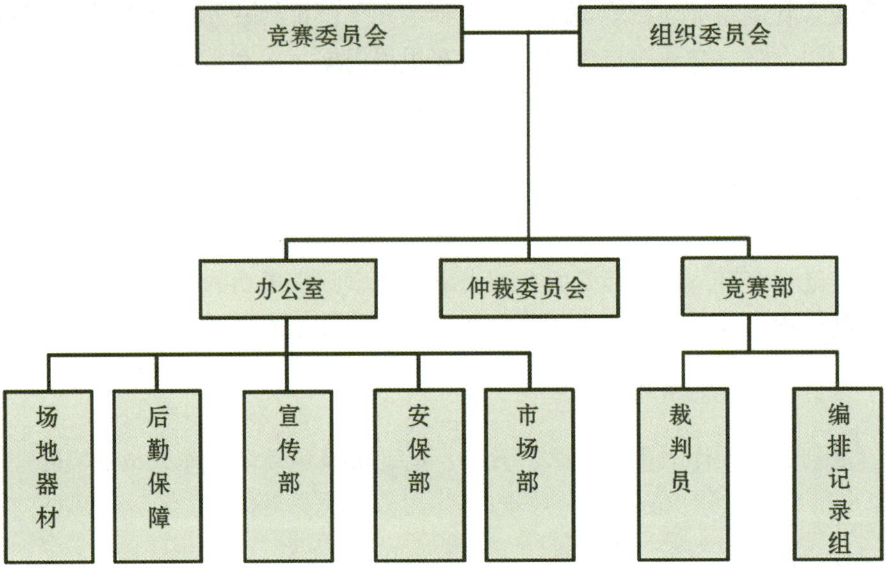

图 7-1　赛事组织机构图

六、编排秩序册

秩序册是运动员、教练员参加比赛的指导性文件。秩序册的基本内容如下：

1. 主办单位下发的相关文件。
2. 竞赛规程和补充通知。
3. 组织委员会。
4. 工作机构。
5. 仲裁委会员。
6. 裁判员。
7. 运动队名单（领队、教练员、运动员）。
8. 大会活动日程（包括比赛时间、用餐时间、发车时间等）。
9. 参赛人员人数统计。
10. 竞赛场地平面示意图。

第二节　男子健美和女子健体比赛程序及评判依据

一、男子健美和女子健体比赛程序

（一）预赛程序

1. 准备与入场

全体运动员按序号入场，面向裁判员成一行或多行自然站立。

2. 四次向右转体和规定动作比赛

（1）在裁判长或裁判员指挥下，运动员做四次向右转体。

（2）在裁判长或裁判员的指挥下，运动员做规定动作。

A. 前展双肱二头肌（男子、女子）

B. 前展双背阔肌（男子）

C. 侧展胸部（男子、女子）

D. 后展双肱二头肌（男子、女子）

E. 后展双背阔肌（男子）

F. 侧展肱三头肌（男子、女子）

G. 前展腹部和大腿（男子）

（二）半决赛程序

1. 准备与入场

全体运动员按序号入场，面向裁判员成一行自然站立。

2. 二次向后转体和规定动作比较评分

在缺少预赛程序、直接进入半决赛时，可在二次向后转体后进行分组做规定动作，然后再进入比较评分环节。

（三）决赛程序

1. 准备与入场

全体运动员按序号入场，面向裁判员成一行自然站立。

2. 自选动作、集体规定动作和不定位自由造型

（1）运动员按号序逐一入场做自选动作。

（2）全体运动员按序号入场，面向裁判员成一行自然站立。

（3）在裁判长或裁判员的指挥下，运动员集体做规定动作。

（4）在大会音乐的伴奏下集体做不定位的自由造型。

二、男子健美比赛技术标准及评判依据

（一）四分之一转体

运动员自然站立，吸腹挺胸，头部正直，两眼平视前方，两臂自然下垂于体侧，身体各部位肌肉不得过度收缩，从前、左、后、右四个方位展示体形（图 7–2、图 7–3、图 7–4、图 7–5）。

评判依据

◎ 体形和谐，骨骼发育良好，宽肩，高胸，窄腰，直腿，身体中心线中正，头、四肢和躯干的比例协调。

◎ 全身肌肉发展均衡，左右对称、前后对应，各部位肌肉发达，结实、饱满，围度大，轮廓显著、美观，线条清晰。

◎ 皮肤光洁、色泽和谐，没有外科手术疤痕或其他疤痕、斑点、痤疮或纹身等。

图 7–2　正面体形展示

图 7–3　左侧体形展示

图 7–4　背面体形展示

图 7–5　右侧体形展示

（二）规定动作技术及评判依据

1. 前展双肱二头肌

面向裁判员站立，一腿向侧轻点地，两腿略外旋，吸腹成空腔，抬起两臂，屈肘略高于肩，两手握拳，屈腕，用力收缩双侧肱二头肌及全身肌肉（图 7–6）。

评判依据：

◎ 肱二头肌的整体和肌肉尖峰发达。

◎ 肱二头肌前后部分分界明显，长短适中。

◎ 肱二头肌与身体其他各部位肌群发展均衡、和谐。

◎ 整体造型规范、美观。

常见错误：

◎ 腿部肌肉未收缩。

◎ 腹部下压而未提高形成空腔。

◎ 胸肌下垂。

◎ 背阔肌未展开。

◎ 两臂上抬过高或两肘太向后。

2. 前展双背阔肌

面向裁判员站立，吸腹成空腔，两手握拳分开拇指叉按于腰部，用力扩展双侧背阔肌并收缩全身肌肉（图 7–7）。

图 7–6　前展双肱二头肌

图 7–7　前展双背阔肌

评判依据：

◎ 背阔肌宽、厚，形状美观。

◎ 背阔肌构建出的“V”字形状均衡协调。

◎ 胸、腹、大腿肌群形态清晰，与背阔肌互为关联。

◎ 整体与局部协调，整体造型规范、美观。

常见错误：

◎ 腿肌未收紧。

◎ 腹部未形成空腔。

◎ 两肩前耸。

◎ 胸肌压平。

3. 侧展胸部

以右侧为例，侧向裁判员站立，右腿弯曲，前脚掌着地，吸腹挺胸，左手握住右手腕，屈肘，用力收缩胸部及全身肌肉（图 7–8）。

评判依据：

◎ 胸大肌宽阔、厚实，形状美观。

◎ 胸、肩关联处切迹明显。

◎ 肩部、肱二头肌、大腿、小腿肌群发达，与胸部比例适宜。

◎ 整体造型规范、美观。

常见错误：

◎ 胸肌收缩不正确，未形成挺胸状。

◎ 腹肌松弛或腹部没有形成空腔。

◎ 臀部抬得过高。

◎ 腿部位置不对，腿部肌肉未收紧。

4. 后展双肱二头肌

背向裁判员站立，一腿屈膝后移，前脚掌着地，抬起两臂，屈肘略高于肩，两手握拳，屈腕，用力收缩双侧肱二头肌及全身肌肉（图 7-9）。

评判依据：

◎ 肱二头肌凸起显著，轮廓清晰，长短适宜，与肱肌、肱三头肌、三角肌间分隔明显，形态美观。

◎ 颈部、三角肌、肱二头肌、肱三头肌、前臂肌肉、斜方肌、大小圆肌、冈下肌、骶棘肌、腹外斜肌、背阔肌、臀肌、股后肌群和小腿肌肉高度发达、均衡。

◎ 肌肉密度、分离度及清晰程度高。

◎ 整体造型规范、美观。

常见错误：

◎ 两肘尖上抬过高。

◎ 两臂前倾过多。

◎ 两肩下压在背阔肌上，斜方肌收缩过紧，导致背中部未展开。

◎ 上臂外旋不足。

◎ 核心不稳定，腹部未形成空腔。

◎ 两腿没有形成外旋状态，臀部松弛。

图 7-8　侧展胸部

图 7-9　后展双肱二头肌

5. 后展双背阔肌

背向裁判员站立，两脚与肩同宽，两腿略外旋，吸腹含胸，两手握拳分开拇指叉按于腰部，用力扩展双侧背阔肌并收缩全身肌肉（图 7–10）。

评判依据：

◎ 背阔肌宽、厚，下缘清晰，背阔肌构建出的“V”字形状均衡、协调、形状美观。

◎ 肩、臂、斜方肌、腰背筋膜、骶脊肌、臀肌、腘绳肌群及小腿肌群发达、线条清晰，形态完美，与背阔肌高度对应。

◎ 脊柱两侧肌肉发展均衡，肌肉密度大、轮廓清晰。

◎ 整体均衡，造型规范、美观。

错误动作：

◎ 两肩向前沉落。

◎ 腹部未收紧。

◎ 两手没有夹紧腰部。

◎ 臀部和小腿没有收紧。

◎ 整个身体重心较低。

6. 侧展肱三头肌

以左侧为例，侧向裁判员站立，以左腿为支撑腿，右腿屈膝向后点地，左臂垂于体侧，右手经体后握住左手腕，用力收缩肱三头肌及全身肌肉（图 7–11）。

评判依据：

◎ 肱三头肌发达、清晰，形状美观。

◎ 肩、肱二头肌、前臂肌群、胸、前锯肌群、腹、臀、大腿、小腿肌群侧面观肌肉发达、轮廓清晰。

◎ 身体各部位肌群发展均衡。

◎ 整体和谐，造型规范、美观。

常见错误：

◎ 上臂外旋过度而不能清楚显示三头肌。

◎ 肩部下沉。

◎ 腰部扭转不足，腹部未收紧。

◎ 腿部肌肉松弛，弯腿的足趾尽可能高地踮起。

7. 前展腹部和腿部

面向裁判员站立，一腿前伸，身体重心置于后腿，两手置于头后，呼气，用力压缩腹部、收缩腿部及全身肌肉（图 7–12）。

评判依据：

◎ 腹直肌发达，块垒清晰、突出，腹外斜肌形成的体块明显。

◎ 大腿肌肉发达、肌肉沟纹清晰，大腿内、外侧饱满。

◎ 身体各部位肌群发展均衡。

◎ 整体造型规范、美观。

常见错误：

◎ 两肘下压过多，臂部和肩部挤压了胸部。

◎ 腹肌收缩不足，未能吸腹成空腔。

◎ 腿部收缩不充分，与上体没有形成良好配合。

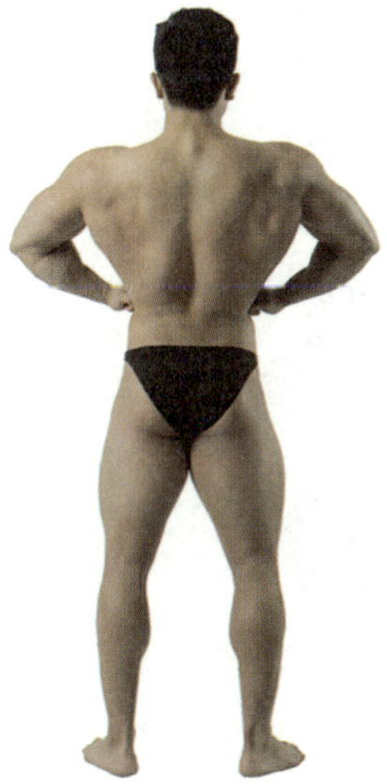

图 7–10　后展双背阔肌

图 7–11　侧展肱三头肌

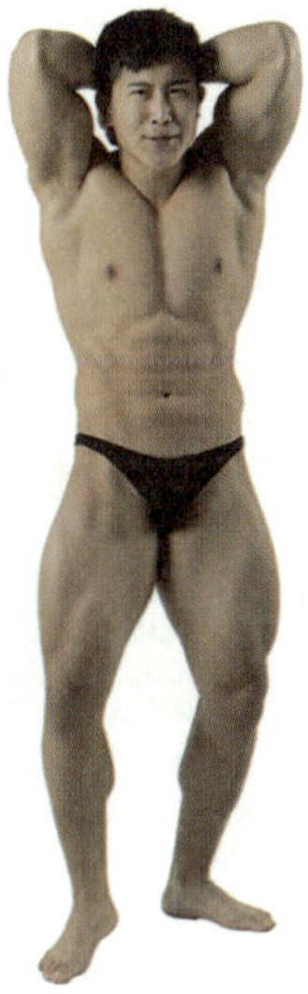

图 7–12　前展腹部和腿部

三、女子健体比赛技术标准及评判依据

（一）四分之一转体

运动员自然站立，吸腹挺胸，头部正直，两眼平视前方，两臂自然下垂于体侧，身体各部位肌肉不得过度收缩，从左、后、右、前四个方位展示体形（图 7–13、图 7–14、图 7–15、图 7–16）。

评判依据：

◎ 体形和谐，骨骼发育良好，宽肩，高胸，窄腰，骨盆适中，腿直，身体中心线中正，头、四肢和躯干的比例协调。

◎ 全身肌肉发展均衡，左右对称、前后对应，各部位肌肉发达适度、紧致、饱满，轮廓显著、美观，线条清晰。

◎ 皮肤光洁、色泽和谐，没有外科手术疤痕或其他疤痕、斑点、痤疮或纹身等。

◎ 在赛台上站立时仪态端庄，行走时姿态优美。

图 7–13　左侧

图 7–14　后侧

图 7–15　右侧

图 7–16　前侧

（二）规定动作技术及评判依据

1. 前展双肱二头肌

面向裁判员站立，一腿侧移点地，收紧腰腹部，抬起双臂，略高于肩，屈前臂，两手五指分开，收缩双侧肱二头肌及全身肌肉（图 7–17）。

评判依据：

◎ 肱二头肌适度发达。

◎ 肱二头肌、肩部、胸部、腹部、大腿、小腿以及全身各部位肌肉协调、匀称。

◎ 整体造型规范、美观，展现运动美的体格。

2. 侧展胸部

以左侧为例，侧向裁判员站立，以右腿为支撑腿，略微弯曲，左腿伸直向身体前方伸出点地，双臂在胸前交叉，收缩胸部及全身肌肉（图 7–18）。

评判依据：

◎ 胸大肌发达适度。

◎ 肩部、肱二头肌、肋弯处及臀、大腿、小腿肌群发达、轮廓清晰，与胸部比例适宜。

◎ 整体造型规范，凹凸有致、展现女性柔美。

图 7-17　前展肱二头肌

图 7-18　侧展胸部

3. 后展双肱二头肌

背向裁判员站立，一腿侧移点地，收紧腰腹部，抬起双臂，略高于肩，屈前臂，两手五指分开，收缩肱双侧二头肌及全身肌肉（图 7-19）。

评判依据：

◎ 肱二头肌适度发达。

◎ 上下斜方肌、大圆肌、小圆肌、冈下肌、竖脊肌、臀大肌、大腿和小腿各部位肌肉协调、匀称。

◎ 整体造型规范，拥有健康、强健、运动美的体格。

4. 侧展肱三头肌

以左侧为例，侧向裁判员站立，以右腿为支撑腿，略微弯曲，左腿伸直向身体前方伸出点地，左臂伸直贴于体侧，右臂向体后握住左臂手腕，收缩胸部及全身肌肉（图 7-20）。

评判依据：

◎ 肱三头肌发达适度，轮廓清晰，形状完美。

◎ 肩部、肱二头肌、前臂肌群、胸、腹、臀、大腿、小腿肌群侧面观轮廓清晰，全身各部位肌群协调、匀称。

◎ 整体造型规范、美观。

图 7-19　后展肱二头肌

图 7-20　侧展肱三头肌

第三节　健身先生和健身小姐比赛程序及评判依据

一、健身先生和健身小姐比赛程序

（一）预赛程序

1. 准备与入场

全体运动员按序号入场，面向裁判员成一行或多行自然站立。

2. 四次向右转体，分组四分之一转体

在裁判长或裁判员指挥下，运动员集体或分行做四次向右 1/4 转体。

（二）半决赛程序（形体轮比赛）

1. 准备与入场

全体运动员按序号入场，面向裁判员成一行自然站立。

2. 运动员四次向右 1/4 转体，按规定路线行走，做定位造型。

（三）半决赛程序（运动特长比赛）

运动员按序号逐个入场，在自选音乐的伴奏下进行运动特长表演。

（四）决赛程序（形体轮比赛）

1. 准备与入场

全体运动员按序号入场，面向裁判员呈单行自然站立。

2. 运动员四次向右 1/4 转体，按定路线行走，做定位造型。

（五）决赛程序（运动特长比赛）

运动员按序号逐个入场，在自选音乐的伴奏下进行运动特长表演。

（六）决赛程序（晚、正装展示）

运动员按签号顺序进行规定路线行走，进行晚（正）装展示。

二、健身先生和健身小姐比赛技术标准及评判依据

（一）形体轮四分之一转体

正、背面基本站立（图 7–21、图 7–22、图 7–23、图 7–24）

运动员全脚掌着地并脚站立，吸腹挺胸，头部正直，两眼平视，两臂下垂于体侧，全身各部位肌肉不得过度收缩，从正、背面展示体形。

图 7–21　女子健身正面体形展示

图 7–22　男子健身正面体形展示

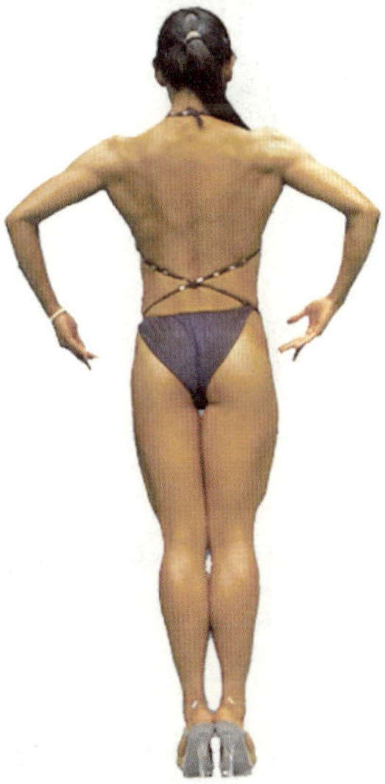

图 7–23　女子健身背面体形展示

图 7–24　男子健身背面体形展示

左、右侧面基本站立（图 7–25、图 7–26、图 7–27、图 7–28）

运动员侧向裁判全脚掌着地并脚站立，吸腹、紧腰、挺胸，头部正直，两眼平视，全身各部位肌肉不得过度收缩，从左、右侧面展示体形。

图 7–25　女子健身左侧体形展示

图 7–26　男子健身左侧体形展示

图 7–27　女子健身右侧体形展示

图 7–28　男子健身右侧体形展示

形体轮评判依据：

◎ 观察运动员整体的骨架形态：肩与髋、头与躯干、肢体比例等，脊柱是否中正，是否有先天缺陷，如：鸡胸、O 型腿等。综合以上的观察给予先天因素的整体评价。

◎ 肌肉应该是通过健美训练获得的，发达适度，肌肉轮廓和肌肉线条清晰，有较好的弹性和力度，整体匀称、协调。女性特征明显，皮下适度脂肪。

◎ 皮肤质地光滑，肤色健康，着色均匀，没有瘢痕以及纹身等影响皮肤光洁度的因素。

◎ 根据四个转向动作从运动员身体的前、左、后、右依次进行观察，身体是否具有V或S型态，运动员做造型动作时必须全脚掌着地。

◎ 按规定路线行走是对运动员形体在动态中评价的重要环节。在这一过程中，男运动员应着重展现健康、阳刚、有魅力的男性特征。女运动员着重展现健康、阳光、柔美的女性特征。

（二）运动特长比赛

运动特长比赛是评价健身运动员运动能力与训练水平、艺术修养等综合素质的一项重要内容。评判依据主要有以下几方面：

◎ 完成：是健身运动员技术水平与运动能力、训练水平等综合素质的体现，通过运动员的表演展现创编者的意图，是对整套动作质量评价的重要内容。

◎ 编排：是教练员和运动员对运动特长的认识水平、理解能力的体现，反映其想象力、创造力以及艺术修养。编排套路主题突出、健康，整套动作编排完整、新颖，有艺术性、观赏性。整套动作中应该包括全面体现运动员综合运动能力、身体素质的动作。

◎ 表现力：体现运动员对整套动作主题的理解及演绎能力。动作与音乐要融合，节奏感强，有激情，有感染力。

◎ 表演服装与道具：应该与整套动作主题相吻合。

（三）服装展示比赛

评判依据：

◎ 服装：合体，款式颜色与运动员的形象相符。

◎ 形象：五官端正，化妆、发型、服装相融。

◎ 气质：高雅（阳刚）、大方、自信。

◎ 仪态：仪容端庄、健康，步态自然、站姿优雅。

思考题

1. 组织一场健身健美比赛需要做哪些准备？
2. 健美和健身比赛的一般程序有哪些？
3. 男子健美和女子健体比赛的评判依据是什么？
4. 健身比赛中，男运动员和女运动员在形体轮评判中有哪些区别？

参考文献

［1］全国体育学院教材委员会审定．健美运动［M］．北京：人民体育出版社，1991.

［2］郭勇．社区器械健身法［M］．北京：金盾出版社，2013.

［3］阿诺德·施瓦辛格．施瓦辛格健身全书［M］．万义兵，费海汀，杨婕，译．北京：北京科学技术出版社，2012.

［4］运动解剖学编写组．运动解剖学［M］．北京：北京体育大学出版社，2013.

［5］杰克·威尔莫尔，大卫·科斯蒂尔，拉里·凯尼．运动生理学［M］．王瑞元，汪军，译．北京：北京体育大学出版社，2011.

［6］郭庆红，徐铁，王严，等．健身运动指导全书［M］．北京：农村读物出版社，2012.

［7］有贺诚司．肌肉力量基础训练［M］．人民体育出版社，2011.

［8］韦德．韦德健美训练法则［M］．中国健美协会译北京：北京体育大学出版社，2000.

［9］娄琢玉．娄琢玉健美世界［M］．上海：世界图书出版公司，2001.

［10］图德·邦帕，格雷戈里·哈夫．周期——运动训练理论与方法［M］．李少丹，李艳翎，译．北京：北京体育大学出版社，2011.

［11］梅琳达·玛诺．运动营养与健康和运动能力［M］．曹建民，等译．北京：北京体育大学出版社，2011.

［12］EARLE R W，BAECHLE T R. 美国国家体能协会私人教练基础［M］．陈方灿，校对编辑．上海：文汇出版社，2005.

［13］中国健美协会．健美健身竞赛规则与裁判法［M］．北京：北京体育大学出版社，2007.